优秀传统文化与高校教育的融合创新

王素平◎著

吉林大学出版社

·长春·

图书在版编目（CIP）数据

优秀传统文化与高校教育的融合创新 / 王素平著 .
长春 : 吉林大学出版社 , 2024. 9. -- ISBN 978-7-5768-
4094-0

Ⅰ . K203

中国国家版本馆 CIP 数据核字第 20246ZN849 号

书　　名　优秀传统文化与高校教育的融合创新

作　　者　王素平　著
策划编辑　殷丽爽
责任编辑　张宏亮
责任校对　安　萌
装帧设计　守正文化
出版发行　吉林大学出版社
社　　址　长春市人民大街 4059 号
邮政编码　130021
发行电话　0431-89580036/58
网　　址　http:// www. jlup. com. cn
电子邮箱　jldxcbs@ sina. com
印　　刷　天津和萱印刷有限公司
开　　本　787mm×1092mm　1/16
印　　张　11
字　　数　200 千字
版　　次　2025 年 3 月　第 1 版
印　　次　2025 年 3 月　第 1 次
书　　号　ISBN 978-7-5768-4094-0
定　　价　72. 00 元

前 言

中华优秀传统文化源远流长，博大精深，深深地融入中华民族的思想意识和行为规范中，深刻地影响着人们的社会生活和精神面貌。对思想政治教育而言，中华优秀传统文化中蕴含着大量的教育教学资源，如"以人为本"的思想政治教育理念、对良好道德品质的不懈追求、"刚健有为、自强不息"的进取精神等，有助于青年形成健康、积极、向上的人格，树立正确的人生观和价值观。在全球化、网络化高速发展的今天，这些资源值得高校教育工作者在实际工作中应用。其中，刚健自强的奋发进取精神是中华民族的生命力所在。不管是在国家强盛之时，还是在国家危难之际，它都激发了民族斗志，培育了中华民族自立自强的精神品格。

中华优秀传统文化是中华民族的文化根脉和民族历史的结晶，在当今时代，它包含着推进文化素质教育的精髓，值得我们传承。同时，优秀传统文化对今天人们的生活方式、价值观念，以及中国发展道路具有深刻影响。当代青年学生是中国国家建设至关重要的力量，中华民族想要屹立于世界民族之林，获得长足、稳健的发展，必须培养好青年一代。因此，应处理好中华优秀传统文化与高校教育之间的关系，在传承中华优秀传统文化的基础上，将其与高校学生文化自信、社会主义核心价值观、素质教育巧妙地融合在一起。

本书主要介绍了优秀传统文化与高校教育的融合创新，共分为五章。其中第一章主要介绍了文化与传统文化的相关内容，分别通过以下四节进行叙述，分别为文化与传统文化的内涵分析、中华优秀传统文化的内容与特点、中华优秀传统文化的传承价值、中华优秀传统文化的世界性影响；第二章的主要内容为优秀传统文化与高校学生文化自信培养，共分为四节，分别为高校学生文化自信现状、高校学生文化自信影响因素、优秀传统文化与高校学生文化自信的关联性、优秀传统文化与高校学生文化自信培养策略；第三章对优秀传统文化与高校素质教育进行了阐述，分别为素质教育基本内容、高校素质教育现状、优秀传统文化与高校创新素质教育、优秀传统文化与高校职业素质教育、优秀传统文化引领大学生素质教育实现路径；第四章主要介绍了优秀传统文化与高校德育教育的相关内容，共分为五节，分别为优秀传统文化与德育教育融合的意义、中国传统文化中的德育教育资源、中国传统人性论与现代德育指导思想的构建、优秀传统文化与高校德育教育融合的原则与路径、基于优秀传统文化构建高校德育管理与评价体系；第五章对优秀传统文化与高校思想政治教育的相关内容进行介绍，分别为优秀传统文化与高校思想政治教育融合现状分析、优秀传统文化与高校思想政治教育融合的价值意义、优秀传统文化与高校思想政治教育融合探索。

在撰写本书的过程中，笔者得到了许多专家学者的帮助和指导，参考了大量的学术文献，在此表示真诚的感谢。由于笔者水平有限，书中难免会有疏漏之处，敬请广大同仁及时指正。

作者

2023 年 11 月

目　录

第一章　文化与传统文化

本章主要介绍了文化与优秀传统文化的相关内容，分别通过以下四节进行叙述，分别为文化与传统文化的内涵分析、中华优秀传统文化的内容与特点、中华优秀传统文化的传承价值、中华优秀传统文化的世界性影响。

第一节　文化与传统文化的内涵分析

一、文化

（一）文化的内涵

1. 文化的基本概念

在《现代汉语词典》中，文化的含义大概有三个方面：第一个方面指人类在社会历史发展过程中所创造的物质财富和精神财富的总和，特指精神财富，如文学、艺术、教育、科学等；第二个方面指运用文字的能力以及一般知识；第三个方面指同一个历史时期的不按照分布地点而改变的古代遗迹、遗物等的综合体。

2. 文化的不同内涵

不同内涵的文化，意义是不相同的，可以分为广义的、狭义的和引申意义的。

广义文化的内涵很广泛，指人类创造的物质文化和精神文化，是人类社会的积淀物。其中，物质文化包括自然文化、经济文化、军事文化、建筑文化等，精神文化包括政治、宗教、文学、艺术、教育、科学、伦理、哲学等。可以说是人类立足于自然界独特的生存法则，着眼于人类与其他动物的本质区别。

狭义的文化不包括人类物质创造活动及其结果的部分，专注于某一项精神活动及其结果。

引申意义的文化指在本义和广义的基础上衍生出来的更加常见的含义。具体是指文化中的一些概念、故事或传统在历史的长河中被赋予了新的含义和解释，这些新的含义往往与时代背景、社会变迁和个人理解密切相关。

（二）文化的性质

1. 社会性

文化具有社会性，属于一种社会的产物，与人类的社会生活和社会组织紧密相连。因社会载体的不同，文化呈现不同状态。

2. 民族性

文化的民族性与民族的产生、发展联系紧密，文化的民族性主要表现在以下方面。

首先，文化的民族性体现出一定的民族特色。不同民族特色组成不同的文化。

其次，文化的民族性反映出一定的历史传统。中国历史传统具有深厚的文化积淀，传承下来的文化富有历史色彩。

最后，文化的民族性体现出一定的宗教信仰特点和语言特点。人与人的信仰差别很大，如传统的中国人信佛教、道教等，而西方一些国家的人则信仰基督教、天主教、伊斯兰教等。

3. 延续性和发展性

文化的传承经历了很长的时间，沉积下来的文化都是进化与发展的结果。社会进步必然会推动文化的发展，文化的延续性与发展性表现为时间、空间、内容的相承、扩展与创新。

（三）文化的作用

1. 文化是根基

一个民族、国家、组织的根基就是文化。文化的根基作用主要体现在以下方面。

第一，文化促进了物质财富生产。文化通过教育、创新、涵养生产者的科学素养和影响制度等多种方式，对物质生产产生了深远的影响，发挥了促进作用。

第二，文化是精神财富的根。思想的形成是精神财富的一部分，而其来源就是文化，文化蕴含着丰富的精神内涵和价值观念。

2. 文化是土壤

文化是土壤表现在以下两个方面。

首先，优秀的传统文化是一个民族传承和发展的根本。优秀的制度、道德、思想等经过不断完善、发展，可以为民族文化提供源源不断的生命力与养料，优秀的文化土壤可以培养出优秀的传统文化。

其次，优秀的传统文化是一个民族精神的土壤。民族精神是在文化的土壤里孕育出来的宝贵产物。在文化的土壤中，民族精神不断得到发展和更新。

3. 文化是力量

文化是一种影响国家、民族的巨大力量，可以推动一个国家或民族的发展。

第一，文化有利于增强民族的凝聚力。如果组织成员认同一种文化，就会产生归属感和自豪感，愿意为文化的发展作出贡献，维护文化的自尊。

第二，文化有利于提升民族韧性。文化作为民族精神的载体与传承，对于提升民族韧性具有不可估量的价值。一个民族的文化，蕴含了其历史沉淀、智慧结晶与价值追求，是民族身份与自信的源泉。在风雨飘摇的历史长河中，正是文化将民族成员紧紧相连。同时，文化中的智慧与哲理，为民族提供了应对挑战、创新发展的思路与方法。因此，弘扬与发展民族文化，是提升民族韧性、确保民族永续发展的重要途径。我们应当珍视并传承这份宝贵的文化遗产，让其在新时代焕发出更加璀璨的光芒。

（四）文化的分类

依据结构和范畴来划分，文化具有广义和狭义两个概念。广义文化和狭义文化的概念在上文中已经提到。从文化的多样性以复杂性方面，可大致将文化分为物质文化、制度文化和心理文化。物质文化是可见的显性文化；制度文化指生活制度、价值观念、家庭制度、社会制度等，心理变化指思维方式、宗教信仰、审美情趣等，属于不可见的隐性文化。据此，可将文化分为物质文化和精神文化两大类。

1.物质文化

物质文化包含生产所用的技术和艺术，指人类创造的物质产品体现出的文化。物质文化与社会经济生活的组织方式直接相关，通过经济、社会、金融和市场的基础设施显示出来。能源、通信、交通等属于经济基础设施范畴；住房、教育等属于社会基础设施范畴；金融和市场的基础设施包括为企业服务的机构。一般来说，在自然状态下存在的物质不属于物质文化的范畴。

2.精神文化

精神文化是人类在从事物质文化基础生产上产生的一种人类所特有的意识形态，它是人类各种意识观念形态的集合。无论是精神文化，还是物质文化，核心都是人。文化由人类创造出来，是人类智慧、创造力的体现，人类是文化的创造者和享受者。我们了解和研究文化就是研究人的创造思想、行为、心理及成果。

（五）文化的功能

1.整合功能

文化可以把其他文化中的各个要素有效整合，协调成员的行动。文化为群体中不同成员的沟通和交流搭建起桥梁，整合不同的性格和思想，促进他们更好地合作和达成共识。

2.导向功能

文化给人们的行动提供了一定的方向，以及可以选择的方法。例如，人们通过共同的文化可以知道何种行为在对方眼里是合适、积极、可被接纳的，文化能够指导人们选择有效的行动。

3.维持秩序功能

一种文化的形成、确立意味着该种价值观、行为规范被遵从和被认可。在人们不断地学习和对共同生活经验积累的基础上形成了文化，文化经历了人们的筛选和比较，确定的社会秩序能在文化的作用下维持下去，这是它维持社会秩序的功能。

二、传统文化

（一）传统的释义

"传统"是世代相传的东西，包括思想、行为、想象的产物等。其中，"传"字表示传承、传递，"统"字有连续的含义。经过一代代的积累和传递，"传统"延续到今天，影响着人们生活的方方面面。

传统文化反映民族特质和风貌，是各种观念的集合。民族有形的物质文化和无形的精神文化在历史的长河中共同构成了自己的传统文化。

（二）传统文化的概念

传统文化作为一个大的概念，由"传统"和"文化"两个概念构成。其中，"传统"相对稳定，具有地域色彩，积极的"传统"可以促进社会发展，反过来，消极的"传统"会阻碍社会进步。

按照地域理解，传统文化包括中华传统文化和外国传统文化。以下内容围绕中华传统文化展开。中华传统文化以儒家文化为中心，综合了政治、经济、思想、艺术等内容，在几千年的历史中积淀而成，相对稳定。文字、语言、书法、音乐等都是中华传统文化的组成内容。

中华传统文化包括宗法、农业、血缘文化，伴随时代的发展，内容不断丰富，且相互关联，密不可分。比如，封建社会的大家庭强调辈分和地位的等级差距，重视家族家规。另外，中国是一个农业大国，以农业为基础的经济形态决定了我国发展出与之相适应的文化制度。

（三）中华传统文化的特点

中华传统文化集中体现了中华民族的思想观念、情感认同、语言习惯等，凝聚着民族的道德规范、价值导向、思想品格。中华传统文化历史悠久、博大精深，被中华民族代代相传，可以反映出中华民族的特质和风貌，是中华民族历史上各种观念形态的总和。

1. 中华传统文化具有世代相传性

简单来讲，世代相传为传统的本义。代代相传下来的中华传统文化有很多，比如大多数中国人都会写汉字、用筷子吃饭，相当多的中国人从学生时代就认得王羲之的书法，就能背诵古诗，这就是在自觉或不自觉地传承中华文化。中华传统文化历史悠久，是中国千百代人创造的文化成果，这种文化成果缤纷多彩、辉煌灿烂、绵延不绝，这种文化积淀在代代相传中注入了中国人的血脉，成了中国人所特有的文化基因。

2. 中华传统文化具有会通包容性

中国除汉族外，还有 55 个少数民族。这些少数民族都对中华文化的发展和繁荣有着不可磨灭的贡献。居于黄河流域的中原农耕文化曾经是中华文化的中心，它和中国少数民族的游牧文化一直处于相互激荡、相互学习、相互融合的过程中。处于辉煌时期的唐朝文化，就相当广泛地吸收和融入了当时西域少数民族的文化。中华传统文化所具有的会通包容性还体现在中国传统哲学各学派之间的相互争鸣、相互辩论和相互吸收上。在中华文化史上，各种学派（如春秋诸子百家）之间以及每个学派（如儒家学派与道家学派）内部，都存在着相互辩论、相互吸引的情况。对于外域文化，中华传统文化也体现了它充分的开放性与包容性，这在外来宗教——佛教中国化的过程中得到了鲜明的体现。

3. 中华传统文化具有形态稳定性

中华传统文化在发展中不断地以开放的胸怀吸收他人之所长，但同时它又一直保持着自身形态的稳定性，这可以说是一个奇迹，表明中华传统文化有强大的生命力和凝聚力。中华传统文化之所以能够既吸收其他文化，又不改变自己，成为一种保留在中华民族中具有稳定形态的文化，取决于它独特的内涵和精神。中华传统文化的基本精神主要有以下几个方面：首先，中华民族是以刻苦耐劳著称的民族，表现在文化上就是"刚健有为""自强不息"；其次，中华民族追求和平、热爱和平，表现在文化上就是"天人合一""和而不同"；再次，中华民族是崇礼尚文的民族，表现在文化上就是"人文化成""厚德载物"；最后，中华民族是充满辩证智慧的民族，表现在文化上就是"刚柔相济""阴阳协调"。中华民族的这些基本精神渗透和表现于中国传统文化方方面面的内容与形式当中，使中华传统文化成为既能自我更新，又具有相对稳定形态的文化整体。

4. 中华传统文化具有内容丰富性

中华传统文化之所以有力量，在于它不但有充满道德智慧的精神与灵魂，而且有多层面的丰富内容作为它的血肉和载体，使古往今来每一个中国人无不生存和生活于中华传统文化中。它无所不在，无处不有。如要列举出中华传统文化都有哪些，恐怕是说不完、数不清，无法穷尽的，如礼仪制度、传统道德、宗教信仰、文学艺术、教育科技、琴棋书画、汉语汉字、音乐舞蹈、戏剧戏曲、中医中药、养生健身、武术功夫、美食美酒、服装服饰、风俗习惯、建筑园林、铸造雕刻、瓷器玉器等，在广义上都可以说是中华传统文化，或可以说是中华传统文化的体现。在中国各民族的生活方式中，也处处渗透着文化，如中国的姓名文化、属相文化、生日文化、节气文化、节庆文化、成语文化等。正因为它具有人们喜闻乐见的形式，才使得其基本精神与价值观在不知不觉中渗透到中国人的血脉当中。

三、中华优秀传统文化的定义

关于中华优秀传统文化的概念，学术界有多种定义，常见的有三种。第一种。从时间和内容角度的探究。"中华优秀传统文化就是中华民族在1840年以前创造的，并能够经过现代意义上的创造性转换而服务于中国现代化建设的文化，包含物质形态层面。第二种，从价值角度的考量。简言之，所谓中华优秀传统文化，就是中华民族在长期发展过程中形成的有着积极的历史作用，且至今具有重要价值的思想文化。"第三种，从传承角度的探究。中华优秀传统文化是指那些经过了实践检验、时间检验和社会择优继承检验而保留下来并能传之久远的文化。

学术界关于中华优秀传统文化定义的表述都具有自己的依据和优点。时间当然是传统文化必不可少的判断标准。"任何一种民族文化，都有它发生、发展的历史，都有它的昨天、今天和明天。"传统文化自然是指昨天的文化，与现代文化相对。但是优秀传统文化的概念核心应该集中于"优秀"二字之上。

第一，中华优秀传统文化首先是中国传统文化，是指19世纪40年代以前的中国文化。第二，中华优秀传统文化是中国文化中的优秀部分，是指传承至今且对当今世界发展有积极意义的文化，是对解决中国特色社会主义面临的现实问题有重要帮助的文化，是中国特色社会主义文化的来源和重要组成部分。第三，中华优秀传统文化是经过现代实践检验并对人类的未来发展有积极影响的文化中华优秀传统文化的主要内容随实践的变化而发展，与马克思主义先进文化和中国革命文化同铸一炉，彰显出伟大的时代价值。

第二节　中华优秀传统文化的内容与特点

中国传统文化作为中华民族的伟大创造，曾以其辉煌的光照亮了东方，为中国乃至世界历史作出了重大的贡献，作为一个民族庞大的遗产，直至今天仍影响着中国人的思想和行为。所以，充分理解中华优秀传统文化的内容与特点，正确认识和评价中国传统文化的历史价值和当代效应，正确处理传统文化和现代文化的关系，是增强我们民族自尊心与自信心的必要前提。

一、中华优秀传统文化的内容

（一）重德

中华民族以重视道德著称于世，道德在中国长久的文化中，不仅仅是人们思想行为方面的修养，而且还影响着整个国家、整个民族。在不断发展的前提下所形成的一整套完整的体系，影响着社会的发展、文化的进步。

中华民族的道德观念，主要表现在尚仁、崇义和重节这几个方面。"仁"即仁爱，是儒家思想的核心，也是儒家所规定做人的最高道德标准。"仁者爱人""好仁者，无以尚义"，这些都是《论语》中所体现的关于"仁"的地方。"义"是指道义，是中华民族道德精神的重要内涵，是人们行为的最高标准规则。"节"是气节、节操，中国古代哲学对"节"非常重视。孔子强调"三军可夺帅也，匹夫不可夺志也"[①]。孟子提倡"富贵不能淫，贫贱不能移，威武不能屈"[②]。他们认为，君子的节操就是至大至刚的浩然正气。

儒家思想强调"圣贤"是理想人格，仁义礼智、修齐治平就是圣贤的标准。圣与贤是合二为一的，固为圣者必贤，贤者通圣，圣贤者，就是以仁义礼智为规范，以修齐治平为修行方法。君子，也就是崇尚圣贤的有德之人。

（二）宽容

对人宽容、爱人即达到人际关系的和谐，这是中华优秀传统文化中甚为重视

---

① 孔丘. 论语 [M]. 西安：三秦出版社，2018：62.

② 孟轲. 孟子 [M]. 西安：三秦出版社，2018：50.

的内容之一。孔子提出仁即"爱人",主张对人要有爱心。孟子把"仁"上升到政治高度,提出"仁政",要求统治者要体恤百姓疾苦,关心百姓生计。墨子也提出"兼爱",即认为人与人之间要相亲相爱,用平等无私的爱代替有差别的爱。《易传·象传上·坤》曰:"地势坤,君子以厚德载物。"[①]要求君子应当具有像大地一样宽广的胸怀,以宽厚的德行包容世间事物。

中华民族是一个统一的多民族的大家庭,各个民族之间的交往和文化传播之间的相互影响,都体现了整个中华民族精神所特有的宽容精神,民族之间相互包容,相互传播文化,构成一个整体。《尚书·尧典》中就有"协和万邦"之说,主张各民族要相互团结,和睦共处。许多朝代的统治者大都奉行宽容的民族政策,可以说各民族的融合贯穿于整个中国历史。

"和"也是中国古典哲学的重要范畴,其含义就是指矛盾的对立统一以及多种事物的和谐相处。孔子主张"君子和而不同"[②],认为要在对立中求得统一,要有容纳一切事物使之和谐相处的伟大胸襟。儒家的"中庸"思想,也是对"和"哲学的诠释:"不偏之谓中,不易之谓庸。中者,天下之正道;庸者,天下之定理。"[③]这是要求人们在正道定理的基础上,实现人与人之间的和谐共处。

(三)自强

刚健有为,自强不息,是中华民族千百年所形成的民族精神,深藏于中华优秀传统文化之中,是中华优秀传统文化最基本的精神。

古人早就意识到君子应当效仿天道,不断奋发图强,永不停息。这种自强精神,不仅仅是个人修养的追求,更是国家民族发展的基石。从远古时期的治水英雄大禹,到春秋战国时期的百家争鸣,再到汉唐盛世的开放包容,直至近现代的救亡图存、改革开放,中华民族的历史,就是一部自强不息、奋斗不息的壮丽史诗。

自强不息,体现在面对困难与挑战时的坚韧不拔。古代先贤如孔子,虽周游列国、屡遭冷遇,却矢志不渝地传播儒家学说,最终成为千古圣人;司马迁受宫刑之辱,却能忍辱负重,著成"史家之绝唱,无韵之离骚"的《史记》。这些例

---

① 赵安军.易经译注[M].西安:三秦出版社,2018:51.

② 孔丘.论语[M].西安:三秦出版社,2018:98.

③ 张南峭.大学 中庸[M].郑州:河南人民出版社,2019:39.

子无不彰显了中华民族在逆境中不屈不挠、勇于担当的精神风貌。正是这种精神，让中华民族在无数次的灾难和挑战面前，总能凤凰涅槃、浴火重生。

自强不息，也体现在对知识的渴求和对智慧的探索上。中国古代的四大发明——造纸术、印刷术、火药、指南针，不仅推动了中华文明的发展，也对世界文明的进步产生了深远影响。宋代科学家沈括的《梦溪笔谈》，明代宋应星的《天工开物》，都是对自然规律深刻洞察、技术创新不懈追求的结晶。这些成就的背后，是无数先贤对未知世界的勇敢探索和对真理的不懈追求，是自强精神在科技领域的生动体现。

（四）求实

中华文化历来就有实事求是、求真务实的传统。中华文化素来重视对社会、人生问题的探讨，并以人心和人生为观照，因而特别重视现实，故把实事求是作为认识原则和道德信条。

孔子提倡实事求是的良好学风，谆谆教诲弟子们反对主观臆测、决然断定、拘泥固执、唯我独是的做法，从孟子的"施仁政"思想到王充的"重实事、疾虚妄"，到陈亮、叶适、颜元等主张的"注重事功、义利双行和王霸并用"，都是求实精神的反映。从孔子提倡的学以致用，到明清思想家主张的经世致用；从传统史学坚持的秉笔直书、信史直录，到古典文学注重揭露时弊表现出来的写实主义，都体现了中华民族实事求是的精神。

求实精神必然表现为务实的人生态度。中国人历来务求实际，反对空想。在民族性格心理上，也表现为推崇朴实无华、立身行事，讲求脚踏实地，鄙视华而不实、弄虚作假的作风。在中国古典哲学的思维上表现为重理性的人本主义，反映出来的是典型的"无神论"思想，重生轻死，重人道、轻鬼神，王权高于神权，这也是与西方神本主义的宗教观截然不同的一个特点和优点。

（五）廉洁精神

廉洁是从政之德和为政之道。我国历代先贤都十分重视廉洁在政治、吏治中的重要性，进而在反腐倡廉方面采取了一系列有效措施。无论是对廉政的宣传和倡导、对官吏为政的要求与教育还是对清官廉吏的褒奖，以及对贪腐行为的惩戒与警示，都为后世提供了宝贵的借鉴。

贪腐会损害公共利益，是廉洁的大敌。民众最痛恨的就是贪腐。为政清廉者不仅可以体现为官者的个人修养与人格魅力，还可以彰显出对社会公平的坚守与维护。翻开中国的历史，能臣干吏比比皆是，但真正能让百姓记忆深刻、名垂青史的莫不是清廉典范，如包拯、海瑞等。

中国共产党作为中华民族文化根脉的继承者，始终高度重视廉政建设。无论是在革命时期、建设时期还是在改革开放时期，以及自改革开放以来的新时代，中国共产党的党风廉政建设和反腐败斗争从未放松。自中国共产党第十八次全国代表大会以来，以习近平同志为核心的党中央更是高举反腐大旗，将腐败视作"党面临的最大威胁"，以壮士断腕的决心和勇气，"无禁区、全覆盖"，坚持不懈地抓队伍廉政教育，抓"八项规定"落实，抓"四风"纠正，抓廉政建设责任制执行，抓"巡视"常态化与问责"零容忍"……系统施治，标本兼治全面推进党风廉政建设，逐步形成不敢腐、不能腐、不想腐的有效机制，力求取得反腐败斗争的压倒性胜利。

（六）尊师重道

百年大计，教育为本；教育大计，教师为本。尊师重教历来是中华民族的传统美德，在我国拥有深厚的民意基础。

如果说知识改变命运，那么老师就是学习知识路上的引路人和燃灯者，是一个用知识和品格来引导人、塑造人，并以此推动时代前进的伟大群体。一个人遇到好老师是人生的幸运，一个学校拥有好老师是学校的光荣，一个民族源源不断地涌现出一批又一批的好老师是民族的希望。习近平总书记曾深刻指出："教师是人类灵魂的工程师，是人类文明的传承者，承载着传播知识、传播思想、传播真理，塑造灵魂、塑造生命、塑造新人的时代重任。"国家只有拥有高水平的教师队伍，才能拥有高质量的教育。

教师是加快推进教育现代化、建设教育强国、办好让人民满意的教育的动力之源和关键所在。尊重教师既是发展教育事业的必然要求，也是社会文明进步的重要标志，还是尊重劳动、尊重知识、尊重人才、尊重创造的具体体现。在教育决定未来、知识改变命运的今天，教师更是被寄予了"一个肩膀挑着学生的未来，一个肩膀挑着民族的未来"的期望。对于一个国家来说，当教师真正享有应有的社会声望，当尊师重教在全社会蔚然成风时，这个国家必将朝气蓬勃，这个民族必定大有希望。建设社会主义现代化强国既对新时代教师队伍建设提出了更新、更高的要求，也对全党、全社会尊师重教提出了更新、更高的要求。只有进一步弘扬尊师重教的社会风尚，不断增强教师的获得感，重塑教师的职业尊荣感，才能培养一批又一批德才兼备的、能担当重任的社会主义建设者和接班人。只有怀着尊重的心态去对待教师和有学问的人，才能站在巨人的肩膀上看得更高、走得更远。

（七）居安思危

居安思危是中华优秀传统文化的核心理念之一，集中反映了中华民族在悠久的历史发展中形成的忧患意识。

居安思危思想的产生与我国古代社会的社会形态有一定的关系。一方面，我国原始氏族社会有浓厚的血缘和地缘色彩，人际关系和社会生活都比较复杂，变动频仍；另一方面，我国发源于农耕文明，人们的生活受自然环境、气候变化的影响比较大。人们在与他人的交往中、与自然的抗争中感悟人生，逐渐形成了朴素的"反者道之动"的规律性认识，即矛盾双方互相转化的规律性认识。随着历史的发展和经验、教训的积累，人们逐渐形成了忧患意识。所以，"居安思危"思想和忧患意识的产生对于我国早期统治者和思想家来说，反映了他们努力探索和实现长治久安的愿望；对于史学家来说，是他们以史为鉴的经验总结。居安思危作为一种文化精神，蕴含着丰富的哲学智慧。因为事物都处在不断的发展变化当中，以新易旧是客观现实，旧事物发展成熟之际可能就是新事物取代之时，所以不能被暂时的安定和顺遂所掩蔽，新的矛盾和隐患或许已经在暗自生长。因此，只有在顺境中保持清醒与警觉，时刻防备，及时应对，才能远离危险。

此外，"居安思危"思想的重要价值还在于警醒人们不要盲从于客观规律的支配，而是要积极地探索事物的运动变化规律，发挥人的主观能动性，掌握人类自身把握和主宰命运的主动权。

居安思危思想对我国影响深远。居安思危思想告诫人们不要得意忘形、贪图安逸，要时刻"慎始敬终"、戒骄戒躁、未雨绸缪，如此才能帮助自己远离危险，保障人生和事业的顺利发展。居安思危思想告诫治国者要安而不忘危，增强忧患意识，如此才能长治久安。居安思危思想和忧患意识既融汇了对国家安危、民族兴亡的忧虑，也有对个人处境和人生事业发展的思考，彰显了我国传统文化中丰富而深邃的政治智慧和人生哲学。

（八）尚和同

1. 和气

和气，是我们每个人应当具有的品质。人们常说："长得颜如玉，不如有个好脾气。"有了好脾气，才能赢得别人的好感和青睐。否则，别人也会敬而远之的。在如今经济发展迅猛的时代，人与人的接触交往比以往任何时代都要频繁密切，这也就对我们的性格脾气提出了更高的要求。众所周知，"和气生财"是一个放之四海而皆准的颠扑不破的真理。所以，我们在人际交往过程中，一定要心平气和、语气柔和，真诚地待人接物，从而建立起良好的人际关系。试想，如果态度粗暴，不仅让自身伤肝伤肺，而且也容易引起争端。如果待人冷漠、言语粗俗，甚至是恶言恶语，那必然会产生许多矛盾。这样，不仅不利于和谐相处，而且还会严重阻碍自身的发展。

2. 同心

同心协力，是成功的法则。正因为团结具有重要的价值和意义，我们在日常生活之中，可以听到许许多多这方面的俗语。例如，"人心齐，泰山移""一个好汉三个帮""众人拾柴火焰高"等等。这些俗语反复告诫我们，无论何时何地，都要保持团结协作的精神。因为，个体的力量实在太微弱。只有群策群力，拧成一股绳，才能汇集成一股强大的力量，才能拥有长久的发展动力，从而在共同的奋斗中实现我们的远大目标。

3. 和顺

和顺，是人生幸福的基础。从个体家庭来说，和顺生百福。从整个社会来说，"政通人和"，才能促进政治经济的繁荣发展。政通，就是政治清明、法令畅通。人和，就是人民安居乐业、和顺安康。"政通"与"人和"两者构成了辩证的关系，可谓是相辅相成、相得益彰的。"政通"是前提条件，"人和"是重要体现。"政通"可以保障"人和"，而"人和"又可以促进"政通"。因为"政通"说明了政府处处把人民的利益放在第一位，想人民之所想，急人民之所急，为民解烦忧，为民谋福利，建立起了有良知的政治生态，促进了社会的和谐发展。而"人和"，则表明人民对于自己的生活非常满意，处处为集体为社会着想，群策群力、同心协力，为国家为社会奉献自己的聪明才智。这样，我们的生活一定是幸福安宁的，我们的生活也一定充满了阳光。

4. 和睦

众所周知，"家和万事兴"。家和，彼此在日常生活之中，就能相互照顾相互扶持。而且，大家也可以生活在一个温馨的家庭之中，而享受幸福的时光。家和，意味着长辈关心和爱护晚辈。晚辈尊重和孝敬长辈。而同辈之间，也相亲相爱，和和睦睦。这样，整个家庭成员之间就能愉快地生活，共同地努力。大家有一个明确的目标，而且能够齐心协力地解决它。这就是有难同当，有福共享。有难同当，困难也就变得更渺小了；有福共享，幸福也就不断增大了。

"家和"作为我国的优良传统，如今仍然具有重要的理论和现实意义。在理论上，我们要一如既往地宣传这种价值观；在现实上，我们要真正地履行自己的义务，承担起家庭的重任，尊老爱幼，态度温和，求同存异，彼此谦让，共同努力，维护家庭的稳定和团结，从而构建起幸福的家庭，释放出强大的凝聚力，成为促进整个社会和谐稳定的生机和活力。

5. 道和

道合，就是志同道合。这就意味着志趣相投的人，因为共同的理想和信念，携手走在了一起，并肩奋斗、奋勇向前。事实上，只有道相同，才能共渡难关，共谋发展。否则，只能各奔东西了。古人云："道不同，不相为谋。就是这个道理。所以，我们在日常生活之中，要想方设法地找到自己的真心朋友。孔子所说的"择其善者而从之"，这个"从"，不仅表明要效仿善者，还说明要接近善者，紧随其后，成为相互勉力的好友。所以，孟母三迁、择善而处的道理，在当今仍然具有现实的意义。因为良师益友可以处处提醒我们，提携我们，从而让我们人生的道路更加通畅、更加顺利。否则，我们的错误无人告知，我们也不知如何改正，这样，我们的人生道路就会更加弯弯曲曲，充满艰辛。

6. 合一

"天人合一"是中国哲学中最广泛的概念，自始至终贯穿着中国传统文化的每一个进程。中国哲学认为，人和自然是有机统一的整体，人应当效法自然，遵守自然规律，与自然和谐相处。如果不了解自然规律而又强作妄为，就会招致凶险的后果。

"天人合一"是我国人民在长期的生活实践中总结出来的哲学思想、美学理念。这种思想从来没有把人与万物对立起来，而是把人与万物看作是一个连续性的、动态性的、生命性的整体。这种思想，使人对万物都有一颗同情与怜悯之心，所谓"仁者以天地万物为一体"，就是这种理念的最佳体现。也正因为万物一体，个人才能一体万物。以自己的本心、良知，去观照世界万物，去发现万物的生机和活力，体验其中鸢飞鱼跃的乐趣。这时，自己身体虽然是渺小的，但精神境界却很高远。换言之，在"天人合一"的思想观念下，我们能够与自然和谐相处，能够保持良好的生态环境，让子子孙孙、世世代代都过上幸福而美好的生活。

（九）讲仁爱

仁爱，不仅是中国传统文化中最具有普遍意义的哲学概念，还体现了中华民族基本的处世哲学思想。这不仅仅是一种抽象的、玄学的哲学观念和道德伦理意识，而且是由人类社会中各种世俗行为方式体现的，是具体的、鲜活的。然而，仁爱的意蕴非常丰富，在中国传统文化中，许多历史名人在经典文献中进行过阐释。其中最核心的内涵就是爱人。这不仅是中华民族在生生不息的历史长河中形成的个体行为准则和道德规范，也是历朝统治者于贤明时代倡行的施政策略与目标指向。

仁爱的实践者是人。这体现在两个方面，一是思想情感与道德意识，是行为方式、行为指向和行为力度。凡是真正有仁德的君子，总是会从自身的角度去坚守仁德。当仁德的行为要危及自身的利益时，哪怕是危及自身的生命时，也会毫不犹豫地选择仁德。生命诚可贵，但仁德不可摧，因此，"杀身成仁"成为中华优秀传统文化中道德追求的极致表达。自古以来，"杀身成仁"有许多表述，如"舍身成仁""杀身成义""取义成仁"等。以孔子、孟子、墨子为代表的先秦诸子对此所做出的阐述，展现了中华民族精神不朽的力量，浸润在民族血脉中，形成了中国人最崇高的生命意识和伟大力量。"杀身成仁"是仁德与崇高的人格、正义的精神和伟大的作为联系在一起的，多指为了崇高的理想或者满腔正义而坚贞不屈、视死如归，最终付出自己的生命，这是世界观、人生观、价值观的最高境界。因此，"杀身成仁"的观念影响深远，成为中华民族的精神基础。

仁者守仁，必然去恶。所谓去恶，就是远离和驱除邪恶。凡是具备仁德的人，总是善恶分明。从善积德、除恶惩邪，既是力之所及，亦是人生取向。因为仁德的君子孕育着崇高的道义理想、开阔的精神气度和强大的主体力量，其仁德底气深厚博大，会由内而外形成巨大的勇气和能量。因此，不仅自己会英勇地去抗击邪恶，坚决斗争，而且也因为其仁德的影响，往往能一呼百应，在民众中形成抗击邪恶的力量，从而形成无可匹敌的能量，战胜邪恶，这是中华民族生生不息的精神核力的表现。正是如此，自古以来的名人雅士都对"仁"进行礼赞。

仁，表现在做人的基本要求上，不仅体现在孝悌和遵守规矩等行为表现上，还体现在态度与修养上，还表现为恭、宽、信、敏、惠五个方面，即庄重、宽厚、诚实、勤敏、慈惠。这五种品德都能有效提升自我修养，并有利于他人。庄重，于己可以趋向稳重、避免轻浮；于人则能多受尊重、倍感踏实。宽厚，于己可以扩大胸量、强化善念；于人则能如坐春风、深受感染。诚实，己可以无愧于心、无愧于道；于人则能真切可感、踏实可信。勤敏，己可以勤于肢体、敏于思索；于人则能多见实效、多受教益。慈惠，于己可以大度容人、大爱助人；于人则能感受春暖、远离秋凉。所以，仁的根本，必是心通真理，行合大道，内以无私，外以利人。

二、中华优秀传统文化的特点

（一）崇德尚贤的伦理性

在中国几千年历史中，优秀传统文化遵循德育至上，以伦理道德为核心。儒家思想中提到，大学教育旨在彰显德行，去除污点，达到至善至美。《论语》中也对修养有要求，孔子认为，人应该有修养，通过道德教育，将人与动物区别开来，社会应该弘扬德行。

中华优秀传统文化在古代典籍中有记载，在古人道德践行中有反映。一方面，古代统治者以道德手段教育、感化人们，实现其统治目的。另一方面，古代人们崇尚理想的圣贤人格，以儒家思想为标准约束行为，从而提升境界，实现价值。

（二）延绵不绝的生命力

人类历史上较早出现的文化形态除了中国文化，还有古印度文化、古巴比伦文化、古希腊罗马文化、古埃及文化等。中华优秀传统文化是这些文化形态中唯一一种延绵不绝的文化。中华优秀传统文化在东亚大陆传承、演化，历经5000多年而不中断，这体现出它较强的生命力和稳定性。

（三）开放、包容、内化的自我革新性

首先，古代中国是开放的国家，国家内部各个诸侯国之间相互合作，同时，与其他国家的交流和文化传播也具有兼容性和开放性。

其次，中华传统文化发源于黄河流域，随着北方游牧民族的入侵，逐渐受到游牧文化影响，农耕文化与游牧文化在碰撞中融合，在交流中发展。

最后，中华优秀传统文化具有包容性，吸收外来文化的精华，比如，古印度的佛学从汉代传入中国以来，与儒家、道家一起成为中华优秀传统文化的重要组成部分。其包容性展现了中华优秀传统文化的胸怀与气魄，以及文化的自我革新精神。

第三节 中华优秀传统文化的传承价值

一、有利于社会主义经济健康发展

像肯德基、麦当劳、好莱坞、NBA等这样一些带有西方国家文化元素的事物随着世界各国之间的不断交流，开始逐渐在中国普及。我们应该用包容的心态对待这些外来文化，但也必须谨慎应对它们可能带来的包括文化、经济和政治等在内的各方面的影响。文化、政治、经济之间相互渗透，同时文化也会对经济方面产生明显的影响。研究中国近代思想史的主要代表约瑟夫·列文森（Joseph R.

Levenson）教授认为"中国的儒学被认为是历史博物馆中的优美陈列品"[①]。因此，我们应继承和发展我们优秀的传统文化，充分发挥其在当今时代中的经济潜力。中华优秀传统文化是中华文明几千年来留存下来的珍贵遗产，在当今新时代依然具有丰富的发展潜力，比如中国武术就吸引了许多国外学生前来学习，中医药在海外的治疗效果也得到了广泛认可，这些都是成功的案例。尽管我国拥有丰富的文化资源，但在文化产业的开发利用方面仍有待提升，所以，我们应当充分发掘中华优秀传统文化的经济潜力，提高其在文化产业中的价值地位。除了将中华优秀传统文化转化为文化产业外，还应该将其经济价值体现在对经济行业的规范上。

中国传统文化的优秀价值观，如儒家的"仁"和"和"，在某些方面是有助于推动社会主义经济增长的。再比如，儒家文化中的"仁"指的是以爱人、利人、帮助他人为精神核心，而"和"的概念则强调团结协作、和谐相处，这在现代经济发展中的要求就是个人不仅追求个人利益，也要考虑到他人的利益，促进整体社会的繁荣。这种观念让人们意识到只有整个国家的经济发展，市场的共同发展，才能带来更大的利益，拥有更加广阔的发展前景。在西方社会中，强调个人主义往往导致社会冲突，而"仁"和"和"则有助于协调和解决这些冲突，促进社会主义经济健康发展。

二、有利于社会主义和谐社会建设

社会主义文化的基础就在于优秀的传统文化，其中包括儒家、道家与佛家思想。如果不保留这些优秀的元素，我们将失去建设社会主义、建设和谐社会的基础，先进文化也将失去支撑。我们应该以中华优秀传统文化为核心，让中华优秀传统文化成为具有凝聚力的主导精神文化，这样才能实现真正的包容并存、吸纳众长。

社会主义核心价值观提倡的价值追求要去中华优秀传统文化中找答案：几千年来的传统文化形成了以儒家思想的"仁义礼智信，温良恭俭让"为核心的道德准绳[②]，对于构建当代和谐社会的价值体系具有重大意义。钱逊先生认为，"传统

---

① 孙小金，张安民．"传统文化的现代价值"重评 [J]．河南师范大学学报（哲学社会科学版），2005（1）：7-10．

② 高岫．习近平关于伦理道德建设的重要论述研究 [D]．上海：上海师范大学，2019．

文化中的仁爱精神；威武不屈的独立人格精神；忧国忧民、竭诚尽忠的爱国精神；'慎独'的高度自觉的道德精神以及敬老爱幼等，都是'传统美德'"[①]。作为中华传统文化的精髓，中华优秀传统文化传承的精神内涵代表了人类文化的核心，并受到广泛关注。众所周知，在中国传统文化中，追求善行是一种核心价值观，大多数人都热衷于培养高尚品质和情操，这一道德传统历久弥新。这些卓越传统价值观无疑有助于建立社会主义和谐社会。

中国神话故事塑造了许多充满励志精神和坚韧不拔的传奇人物，如精卫、夸父和愚公等。这些故事既展示了民族活力，也激发了民族自豪感，激励着一代又一代的中华儿女。我们应该珍惜这些宝贵的精神财富，继续传承下去，并让它们展现出更强大的力量。这些崇高的道德标准在引导人们树立爱国情怀、提高个人道德修养方面发挥着重要作用。中国优秀传统文化一直强调和谐的重要性，倡导睦邻友好等价值观念，为构建和谐社会提供了准则。因此，我们的党和政府对中华传统文化，尤其是优秀的传统文化的传承非常重视，这是非常明智的做法。

第四节　中华优秀传统文化的世界性影响

国内外众多民族长久、共同发展出很多优秀的文化，和其他民族的文化一样，中华优秀传统文化是属于全人类的财富，具有独特意义。

中华文化博大精深，丰富的科学、文学、艺术、军事、政治等成果传播到国外，与国外交流的同时，从无序发展为有序。中华优秀传统文化始终是世界优秀文化的一个组成部分。例如，新加坡借鉴了中华优秀传统文化，将其融入社会发展中，提升了总体文明程度。现代性是传统文化的一个特性，具有积极意义。因此，我们不能全部否定传统文化，而应该懂得扬弃，让文化在重新认知和磨合中焕发出新的光彩。

一、中华优秀传统文化对亚洲的影响

在古代，中华文化一直推动亚洲文明的演化与发展。比如朝鲜文化，它深受

---

① 钱逊. 关于马克思主义与传统文化关系的几点想法 [J]. 学术月刊，1996（5）：21-24.

中华文化的影响，自古以来，中朝之间物质文化交流促进了思想的交融。在中华文化的影响下，朝鲜出现诸多儒学名人，如申师任堂、李珥、金长生等。

日本文化也与中华文化有很深的渊源。从古代开始，中国的文学、艺术、美术、哲学等传入日本。日本史料对此记载较少，但我们可以在中国史书中找到根据。

中华文化对日本文化的深远影响体现在以下几个方面。

首先，日本文字起源于中国。日本文字是由中国汉字经过发展而形成的，与汉字有很多相似之处。

其次，日本在体制等精神方面一直在仿效中国。日本一些编年史书籍学习中国的史书，在君臣观念、正统观念等方面受到儒家传统的深刻影响。

最后，佛教作为中华文化的一部分被传入日本，对日本产生了深远的影响很深远，古人将中国的宗教、文学、工艺等带入日本，这些深受日本人民和广大佛教徒的欢迎。

在东南亚，很多国家的文化与中华优秀传统文化有着密切的练习。我国与越南、泰国、马来西亚、缅甸、柬埔寨、印尼、文莱等国家保持着友好的关系。越南和泰国的礼俗就是受到了中华传统文化的影响，菲律宾的饮食和新加坡的生活习惯等都或多或少有着中华文化的影子。儒家思想在其国民教育中扮演着重要角色。

二、中华优秀传统文化对西方的影响

首先，古代科学技术对西方产生了广泛影响。从公元 6 世纪开始，中国的四大发明传入欧洲，中国的瓷器、丝绸、养蚕等技术在推动西方文明发展方面起到了关键作用。可以说，中国古代科技在一定程度上开启了西方近代文明。

其次，中国园林艺术对西方产生了深刻影响。每一种艺术形式都包含了独特的结构特点，中国园林艺术具有很大的魅力和极高的欣赏价值，它代表着中国精神和气质。欧洲很多国家学习和借鉴中国园林艺术，这种艺术形式影响了西方国家人们的生活方式和情调。

再次，中国的文学作品在欧洲有一定的影响力。在欧洲很多国家的剧作家眼里，中国戏剧有劝善的作用，中国小说、诗歌、戏剧被翻译成英文和法文等，传播中国思想。

最后，中国学术思想对西方产生深远影响。西方人从 16 世纪开始翻译儒家经典，将儒家经典翻译为拉丁文和法文，传入欧洲。

法国著名思想家伏尔泰（Voltaire）深受中国哲学思想的影响。德国哲学思想也受到中国哲学的深刻影响，德国哲学家戈特弗里德·威廉·莱布尼茨（Gottfried Wilhelm Leibniz）曾针对欧洲文明中心论，努力为中国文化辩护。法国重农主义经济学家认为，中国实现了道德理性化。伊曼努尔·康德（Immanuel Kant）和路德维希·安德列斯·费尔巴哈（Ludwig Andreas Feuerbach）的哲学思想与中国儒家人本主义在逻辑上是一致的。

第二章 优秀传统文化与高校学生文化自信培养

本章的主要内容为优秀传统文化与高校学生文化自信培养，共分为四节，分别为高校学生文化自信现状、高校学生文化自信影响因素、优秀传统文化与高校学生文化自信的关联性、优秀传统文化与高校学生文化自信培养策略。

第一节 高校学生文化自信现状

文化自信是我们的民族之钙。但是，大部分人不能高效吸收文化自信的营养，对文化自信的认知不够深入，对本民族的文化的热情不高。因此，我们需要让高校学校充分认识文化自信的精神来源，排除阻力，建言其未来发展。

根据心理学的表述，"自信"是个体对自己价值、能力完成正向评估之后形成的一种相对稳定的人格特征，是个体对自己的积极确认，它是多维度、多层次的。在文化领域，文化自信表现为对自身文化传统、特征、价值、影响力和发展前景的肯定。一方面，文化自信来源于文化自觉。人只有在清醒、深刻地把握自身文化定位和发展方向的前提下，才能实现文化自信。另一方面，文化自信来源于文化认同。只有充分认可文化价值方向和现实意义才能做到。除了以上两个方面，在实践基础上传承、践行、创新自身文化也是文化自信的一种表现方式。可以说，文化认知、自觉、领悟、认同、承创等都是文化自信的一部分。

一、文化自信的来源

（一）中华优秀传统文化凝聚着前人的思想精华

习近平总书记曾说："优秀传统文化是一个国家、一个民族传承和发展的根本，如果丢掉了，就割断了精神命脉。"① 中华优秀传统文化经过考验，随着社会的发展被赋予新的内容，是时代的精髓。中华优秀传统文化具有扎实的基础。千百年来，中国人在传统文化的指导下"修身、齐家、治国、平天下"。我们对中华优秀传统文化抱有敬仰之情，成千上万次实践的检验让我们更加坚信中华优秀传统文化的理论意义和实践价值。

（二）社会主义先进文化彰显着当代人的价值追求

先进的文化是文化自信的依据，民族精神和时代精神彰显了先进文化的特征。中华人民共和国成立之后，我国逐渐探索社会主义文化的发展方向，渐渐以开放欢迎的态度对待外来文化，与外来文化取长补短，互相借鉴，如 20 世纪 80 年代"百花齐放、百家争鸣"的文艺方针等。中国共产党一直坚持"两个文明一起抓"，注重文化建设。在 20 世纪 90 年代，中国共产党提出建设中国特色社会主义文化，党的十七届六中全会提出文化强国战略部署。

二、当代高校学生文化自信现状分析

（一）西方思想观念对高校学生影响

随着经济全球化的深入，不同国家人们之间的交流日益密切。人们在物质生活富足的基础上，开始提高对精神世界的追求。虽然我国大部分高校学生对本土文化持尊重态度，但是仍有部分高校学生受到西方思想的影响，强调个人主义、自由竞争等价值观念。这些观念在一定程度上与中国传统的集体定义和社会和谐价值观存在差异，可能对高校学生的价值观念产生影响，导致文化自信的动摇。

（二）当代高校学生对本土文化的热情度不高

国内大部分高校学生对历史文化持有尊重的态度，但缺少具体了解的热情，

---

① 习近平. 习近平谈治国理政（第二卷）[M]. 北京：外文出版社，2017.

认为优秀传统文化代表着古老、刻板、典雅、端庄等，过于沉闷和束缚，所以在内心深处对中华传统文化有或多或少的抵触情绪，对本土文化兴趣不大，热衷于追求流行文化。

当代高校学生对传统文化的认同、兴趣不太高，为什么会出现这种情况呢？这个现象也反映了当代青年心理认同感与传统文化表现形式的矛盾。传统与当代结合得不太紧密，形式单一，导致高校学生的热情不高。那么如何把优秀传统文化发扬光大呢？这与文化自信成正相关，当代高校学生面对的这个问题实际上也是历史对时代潮流的一种摸索和拷问。

（三）当代高校学生对文化自信理论来源了解不深

新时代，人们对于"文化自信"津津乐道，但是如何准确表述这个概念的内核，很多高校学生还一知半解。大部分高校学生对中国文化自信只停留在泛泛而谈的层面，虽然对主流意识形态持支持态度，但是涉及具体知识课程，他们可能尚未真正接纳，仅为了选修学分而学习，效果不尽如人意。

从一定程度上说，部分高校学生的思想理论品格尚未达标，本质原因在于对中华优秀传统文化的内涵理解不够深刻，不能深入探索与领悟，只是为了完成任务而敷衍学习。当今时代在文化自信方面是欠缺的，推崇文化自信是时代的要求和发展的需要。想有底气地做好中国人，必须对我国的优秀传统文化、革命文化、社会主义先进文化有深度的认知和理解。

三、高校学生文化自信发展方向

高校学生文化自信发展方向主要表现在以下两个方面。

（一）新时代高校学生对中华优秀传统文化越来越肯定

中华优秀传统文化是中华民族文明、精神、风俗的统称，反映中华民族的精神面貌。近年来，各高校注重中华优秀传统文化进课堂，用不同方式表现中华优秀传统文化，一些影视作品中也加入中华优秀传统文化的元素，赋予节目内涵，营造出大众学习的良好氛围。

汉字是活生生的民俗与文化，比如春联、"福寿"字画、洞房里火红的"喜"字。出于提倡书写汉字、保护汉字的初衷，《中国汉字听写大会》通过听写形式帮助青年学生树立爱汉字、爱汉语的文化价值观。还有,"汉语桥"系列中文比赛为外国青年学习汉语提供机会和平台,增进了不同国家人们之间的相互沟通和了解。

在中国饮食文化方面,颇受欢迎的纪录片《舌尖上的中国》寓情感于美食之中,将美食与历史、情感、传统、文化相结合,展现了中国大地不同地域的美食生态。这个文化节目通过美食表达出几千年来中国人对人生、世界的深刻思考与味觉审美。

一些反映优秀传统文化的纪录片、综艺节目等受到高校学生的关注,这有利于他们更加深刻地了解优秀传统文化,在真正意义上对中华优秀传统文化产生肯定和尊敬之情。

(二)新时代高校学生对中国文化产业越来越支持

如今,中国文化产业正迎来前所未有的发展机遇。在这一背景下,高校学生们作为中国年轻一代的代表,越来越支持中国文化产业的发展,成为推动文化产业发展的重要力量。具体来说,越来越多的高校学生开始主动了解和学习中国传统文化,他们通过参加各类文化活动、阅读经典著作、欣赏传统艺术等方式,不断深化对中华文化的认识和理解。这种对传统文化的热爱与传承,不仅丰富了他们的精神世界,更为文化产业的发展提供了源源不断的文化素材和创意灵感。

同时,高校学生还积极投身于文化产业的实践与创新之中。他们利用所学专业知识,结合市场需求,创作出了一批批具有鲜明中国特色和时代气息的文化产品。这些产品不仅在国内市场广受好评,还在国际市场上展现出了强大的竞争力,为中国文化产业的国际化进程注入了新的活力。

更为重要的是,高校学生们还通过社交媒体等渠道,积极传播和推广中国文化。他们用自己的声音讲述中国故事,展示中国文化魅力,吸引了大量国内外关注和赞誉。这种跨文化的交流与互动,不仅提升了中国文化的国际影响力,也为文化产业的发展拓宽了国际视野和合作空间。

总之,新时代高校学生对中国文化产业的支持与推动作用是显而易见的。他们不仅是文化产业的消费者和传承者,更是文化产业的创新者和传播者。相信在他们的共同努力下,中国文化产业必将迎来更加繁荣发展的美好未来。

第二节　高校学生文化自信影响因素

当今高校学生文化自信现状整体呈现良好态势，但是仍然存在一些不足，比如一些学生对国内传统文化了解程度不深，部分学生对高校青年学生文化自信现状持有悲观态度，这表明这部分高校学生依然存在文化自卑。对此，我们需要深入分析相应的影响因素。

一、主观因素

（一）存在政治信仰迷茫的问题

政治稳定与发展需要坚定的政治信仰，只有信仰坚定，才能有认同感，增强文化自信。政治信仰的迷茫反映出文化自信不足。

一方面，部分高校学生由于不够成熟，很容易受到多元文化的影响。随着市场经济的发展，人们生活水平提高，对文化的需求日益增长。同时，一些不当思想和言论开始传播，各种新媒体、自媒体发布的信息让部分学生感到迷茫，他们开始怀疑，盲目跟从，导致政治信仰淡化、缺失。

另一方面，高校学生对政治信仰的树立不够关注。虽然大部分学生在课堂上对相关思想有过系统的学习，但是了解不够深入，不能真正体会到中国革命的艰苦，因而容易出现困惑和迷茫。加上不同文化的冲突，培育文化自信难上加难。

（二）存在理想信念模糊的问题

理想信念集中反映一个人的三观及行为准则，对人的行为有指导意义。因此，建立文化自信需要正确的理想信念来支撑。

近些年来，我国高校对学生理想信念的教育越来越关注，工作体系越来越完善。当代高校学生的理想信念总体来说是积极向上的，但层次不高，仍有很多高校学生的理想信念是模糊甚至缺失的。

首先，信仰认知模糊。部分学生认为信仰无关紧要，可有可无，对信仰没有明确的认知，对其的态度也比较模糊。其次，信仰选择多元化。伴随着互联网的发展及新媒体的出现，人们的思想变得多元化。高校学生有自己的主见，在信仰选择方面逐渐清晰。有研究发现，不同专业的学生在信仰选择方面的表现是不同的。比如，理工类学生接触人文社科类知识较少。最后，信仰教育存在问题。当前部分高校对学生的信仰教育形式单一、内容枯燥，不结合实际，缺乏实践活动，导致学生不能发自内心地认可和接纳。部分高校并不重视信仰教育，也就无法实现真正意义上的信仰教育。

（三）存在价值取向扭曲的问题

一个人在面临问题、冲突、矛盾的时候所持的基本观点和立场可以反映出这个人的价值取向。一个人的价值取向体现了这个人的基本价值观。价值观自信离不开文化自信，两者互为补充，相辅相成。所以，高校学生要树立文化自信，必须有正确的价值观。当前高校学生价值取向扭曲的问题主要体现在以下三个方面。

第一，重视个人利益，忽视集体荣誉。高校学生的价值选择具有矛盾性，在一定程度上来说，这是正常的现象，因为选择通常在自我性与社会性、利己与利他、个人与集体、奉献与索取的冲突中进行，在选择中出现矛盾具有必然性。但是如果只关注个人利益，在面临利益选择时首先考虑个人而不是社会和集体，那么这样的价值观不利于学生的成长和发展。

第二，崇尚拜金主义，缺乏理想信念。由于理想信念的模糊和缺失，部分学生可能过多关注个人利益，唯金钱至上。这类学生的价值观念多少受到一些负面因素的影响，负面价值观对高校学生的学习、生活会产生消极影响。

第三，追求实用主义，轻视自我修养。很多学生受到功利主义价值观的影响，甚至成为"精致的利己主义者"。在养成正确价值观的过程中，这种功利主义心理不可取。

（四）存在对中华优秀传统文化认知不足的问题

中华优秀传统文化蕴含丰富的资源，是文化自信产生的基础，它创造了中华文明成果，是民族历史上道德传承、精神观念形态的总体，是中华儿女世代在实践中形成并发展保留下来的宝贵资源。然而，部分大学生不理解中华优秀传统文化的意义和价值，不注重中华优秀传统文化的学习，因此不能深入了解中华优秀传统文化，在价值判断方面出现偏差。随着中国和世界其他国家的接触越来越多，高校学生的认知内容更加复杂，迷茫和怀疑让他们不能作出正确的选择。

二、客观因素

（一）高校优秀传统文化的教育体系不够完善

1. 部分传统文化教育工作不足

当前，很多高校关注实用教育而忽略人文教育，更关注专业课成绩、就业方面的成绩等，对学生的人文、精神教育较少，中华优秀传统文化教育越来越被边缘化。因此在对中华优秀传统文化教育的关注和重视方面，高校仍需加强。在教学成果的评价方面，部分高校忽略了对学生精神素质和思想品德的评价，其他学科的学习时间远远比优秀传统文化知识的学习时间多，这反映了我国部分高校在人才培养方面忽略了中华优秀传统文化对人的塑造意义。

部分高校教师尚未认识到自己在中华优秀传统文化传承方面的责任，在课堂讲授方面不能很好地将本专业知识与中华优秀传统文化相融合。高校中华优秀传统文化的教育方式单一、课程设置不合理，单纯的知识讲授很难真正激发学生的兴趣，甚至部分中华优秀传统文化课程属于网课，如果学生不认真听讲，就无法达到文化教育的目标。在课程设置上，部分学校把文化素质类课程作为选修课，无法很好地普及中华优秀传统文化。

在文化教育上，除了课堂中的知识传授之外，课外文化教育也很重要，然而，很多高校的文化教育很不到位。第一，一些高校文化底蕴不足，校园设计方面商业化氛围太浓，没有历史、文化底蕴。第二，部分高校对中华优秀传统文化的宣传力度不够，以中华优秀传统文化为主题的各种活动吸引力不足，且一味追求形式，导致学生不愿意参加。第三，高校优秀传统文化教育实效性差，与学生思想结合不紧密。高校如果没有把握好学生的思想动态，文化教育就不能真正发挥作用。

2. 部分家庭缺乏优秀传统文化教育意识

当前，一部分家长关注学生对西方文化知识的学习，对学生中华优秀传统文化的学习情况不太关心。这样的家庭教育，直接影响高校学生对中华优秀传统文化的理解，对于学生建立文化自信很不利。

（二）中华优秀传统文化面临多元文化的挑战

1. 外来文化对中华优秀传统文化的影响

在全球化加速推进的今天，外来文化如潮水般涌入，对中华优秀传统文化产生了深远的影响。

一方面，外来文化的涌入，为中华优秀传统文化注入了新的活力。它促使我们重新审视和挖掘传统文化的精髓，推动传统文化的创新与发展。同时，外来文化的多样性也丰富了我们的文化视野，使我们在传承中不失开放，在创新中不失根本。

另一方面，外来文化对中华优秀传统文化的负面影响也不容忽视。一些年轻人可能因过度追求新奇和时尚，而忽视了传统文化的价值。这种倾向若不加以引导，可能会导致传统文化的边缘化和遗忘。因此，如何在吸收外来文化的同时，保持和发扬中华优秀传统文化的精髓，成为了一个亟待解决的问题。

面对外来文化的影响，我们应持开放包容的态度，既要积极借鉴外来文化的有益元素，又要坚守中华优秀传统文化的根基。通过教育引导、文化交流等方式，增强民众对传统文化的认同感和自豪感，推动中华优秀传统文化在新时代的传承与发展。

2. 中华优秀传统文化受到部分社会不良文化的"熏染"

总体来说，我国国内社会风气良好，但是也有一些不良社会现象，如铺张浪费、美化暴力等，不少高校学生不知对错，盲目跟随，被不良文化影响。

3. 大众文化的兴起与传播给传统文化带来了挑战

与市场经济相适应的一种市民文化叫作大众文化，当今社会，人们可以通过自媒体传播大众文化，如一些短视频软件，其用户数量十分庞大，其传播内容对大众的影响不可小觑。大众文化在丰富中国文化的同时，也对中华优秀传统文化形成了冲击。

4. 现代流行文化的盛行使传统文化受到了"冷落"

流行文化关注个性，与商业化结合比较紧密，因为其具有新潮、幻想等特征，所以很容易被青年人接受，致使部分学生追捧流行文化，忽略了中华优秀传统文化。

第三节 中华优秀传统文化与高校学生文化自信的关联性

当下，文化软实力在国家综合国力竞争、经济文化交流中发挥着越来越重要的作用。作为国家的栋梁和民族的希望，高校学生在成长过程中形成的综合素质不只对其自身，而且对中华民族未来都有一定的影响。中华民族的复兴需要传承和发展优秀传统文化，弘扬中华优秀传统文化应当以高校学生为主体。

中华优秀传统文化博大精深，有独特的价值体系，它对我们的思维方式和行为方式产生了很大影响。中华优秀传统文化包含传统学科、文学、书法、音乐、舞蹈等的精华，在源远流长的中华文明中绽放光彩，影响着青年人的三观，为青年人提供精神力量。

一、优秀传统文化与高校学生间的内在关联性

（一）儒家文化

中华优秀传统文化是我国的精神命脉和文化根基，对国家现代化建设、社会发展及个人进步有着极大的影响力。

1. 倡导仁爱，以维护国家利益为己任

中华优秀传统文化的基本价值观是"仁"。人格意识、社会意识、人和意识、人为贵意识都是"仁"的内容。高校需要引导大学生学会换位思考，推己及人。

2. 主张尊孝，注重激发学生的爱国之情

孔子关于"孝"的思想内涵丰富，很多思想精华至今仍带给我们启示。孔子在"孝"方面的思想内涵有养亲与敬亲、关怀与思念、顺从与继志等。对于学生来说，大学是人生成长的关键阶段，然而，信息技术的飞速发展使得各种各样的信息被传播和接收，一旦学生辨别力较弱，很容易受到不正之风、负面信息的影响。对此，高校应加强对学生进行中华优秀传统文化的教育，让学生成长唯知感恩、懂回报，爱社会、爱祖国的人。

3.提倡重义轻利，注重自身修养

在道义和利益二者不可兼得时，孟子提出"舍生而取义"[①]。重义轻利的思想有利于提升高校学生的自我修养，端正其人生态度，让其更加符合社会发展的需求。

（二）书法与汉字

汉字是传统文化的一部分，与中华优秀传统文化相互影响、相互依存。汉字是文化的载体，文化以汉字的形式流传至今。首先，不同时期的汉字代表当时的思想观念。其次，汉字的结构和内涵体现出中华优秀传统文化的韵味。

文字是人类在劳动中创造出来的，是民族智慧的结晶，文字的出现标志着文明的进步。汉字是中华传统文化的主要承载者，汉字的结构复杂，历史久远。传统文化通过传统习俗、物质形式、经典文献等表现出来，其中，经典文献的记录符号就是汉字。

汉字在静态中彰显着文化的魅力，映照出历史进步的雄姿，绽放出前人智慧的光彩。对于高校学生而言，汉字随处可见，是交流和学习的必备工具，大学生可以通过阅读汉字经典，了解文化信息。

现代社会不断发展，人们的生活发生了复杂而深刻的变化，意识形态领域也在一定程度上受到各种各样信息和思想的影响，这些无疑都对新时代高校思想政治教育提出了更高要求。

1.有利于高校学生培育顽强进取的精神

对大学生进行书法教育有助于培养他们积极进取的精神和独立奋斗的人生态度。在快节奏的今天，要做到脚踏实地、坚持不懈很不容易。一部分大学生目标高远，不结合具体实际，渴望成功却不愿意付出，羡慕别人却总想着不劳而获。殊不知，很多成功的人无不具备超乎寻常的耐力和持之以恒的韧劲。而书法教育能帮助大学生磨炼出这种韧劲，通过持之以恒地练习，大学生能在书法领域取得进步与成就，这种持之以恒的精神也会渗透到他们的人生中，教会他们在面对困难与挑战时保持坚定的信念。

---

① 孟轲.孟子[M].西安：三秦出版社，2018：111.

2. 有利于提高高校学生的自信心和文化素质

书法教育看起来很像教授技巧的教育。但实际上，让学生领悟作品的含义才是学习书法的精髓。一个知识渊博、艺术修养高、气质高雅的人往往能创作出优秀的作品。书法教育涉及美学、文学、逻辑学、语言学、历史学、文字学等，需要扎实的文学修养、语言功底和审美能力。可以说，书法教育是对人性的教育，有助于提高学生的综合素质。

3. 有助于健全高校学生心理素质

高校是学生进入社会的过渡阶段，走进校园是为了更好地走向社会。快节奏的社会生活和日益激烈的竞争形势，让当代大学生的学习、生活没有想象中那么轻松和惬意，他们需要承受多方面压力。部分高校教师在关注成绩的同时，忽略了学生的抗压能力。研究表明，当今出现心理问题的学生越来越多，部分大学生心理素质差、内心脆弱。

心理健康关系到学生的全面发展和成长成才，注重大学生心理素质的培养非常重要，在这个过程中，书法学习可以起到辅助作用，练习书法有助于调节情绪和缓解压力，提高学生的综合心理素质。

（三）绘画艺术

国画的历史源远流长，古代画家用绘画的方式记录生活，以形写神，寓意于画。中国绘画历史悠久，是世界文化宝库中的无价之宝。

中国不同历史时期的特征、不同朝代的生活状态可以通过绘画反映出来。先秦至两汉时期，中国绘画以线条为主要表现手段，注重形体的轮廓和动态。这一时期的绘画作品多以人物、动物为主，展现出简约而富有生气的艺术风格。战国时期的《楚帛画》和《吴帛画》等作品，以其独特的艺术形式和表现手法，为后世绘画的发展奠定了基础。

朝时期，佛教美术兴起，人物画传神，文人画和绘画理论也开始崭露头角。顾恺之的《女史箴图》和《洛神赋图》等作品，以其精湛的技艺和深刻的内涵，成为这一时期的代表。同时，敦煌壁画中的《九色鹿》等作品，也以其宏大的规模和丰富的色彩，展现了佛教艺术的独特魅力。

隋唐时期，中国绘画进入了一个崭新的发展阶段。山水、人物、花鸟画开始繁荣，出现了许多著名画家和传世佳作。吴道子的《八十七神仙图》和《天王送子图》等作品，以其生动传神的人物形象和气势恢宏的场面，成为隋唐绘画的巅峰之作。此外，阎立本的《历代帝王图》和张萱的《捣练图》等作品，也以其独特的艺术风格和表现手法，赢得了后世的高度赞誉。

五代及两宋时期，山水画占据了重要地位，荆浩、关仝、董源等画家以其精湛的画技和独特的艺术风格，推动了山水画的发展。同时，花鸟画也开始兴起，黄筌、徐熙等画家以其细腻入微的笔触和丰富的色彩，为花鸟画的发展注入了新的活力。

综上所述，中国不同历史时期的绘画艺术各具特色，体现了当时社会的文化背景和审美观念。

二、优秀传统文化与社会主义核心价值观的时代联系

中华优秀传统文化是各时代劳动人民智慧的结晶，与时代共同前进。比如，儒家学派提出的五常之道包含了做人的道德伦理准则。

今天，中华优秀传统文化被不断补充和完善，先进文化让中华优秀传统文化焕发出崭新的光彩。我们每一个中国人都应该有自信，相信传统文化的强大影响力。这种文化自信根植于五千年文化的精神沃土，不断发展，成为中国人的骨气。

优秀传统文化是社会主义核心价值观的深厚土壤。中华文化源远流长，博大精深，蕴含着丰富的哲学思想、人文精神、道德规范。从儒家的仁爱、礼义，到道家的自然无为、道法自然，再到法家的法治精神，这些传统文化精髓构成了中华民族独特的精神世界。社会主义核心价值观所倡导的富强、民主、文明、和谐，自由、平等、公正、法治，爱国、敬业、诚信、友善等理念，正是在这些优秀传统文化的基础上提炼和发展而来的。它们既体现了对传统文化的继承，又符合现代社会的发展要求，是传统文化与现代文明的有机结合。

优秀传统文化为社会主义核心价值观提供了丰富的价值资源。在爱国情怀方面，古代无数仁人志士以身许国、精忠报国的壮举，为今天的爱国主义教育提供了生动的历史教材。在敬业精神上，古代工匠精益求精、追求卓越的工匠精神，

为现代社会倡导的职业操守和工匠精神树立了典范。在诚信意识上，儒家文化强调的"言必信，行必果"，为现代社会的诚信体系建设提供了坚实的文化支撑。这些传统文化中的价值观念，经过时代的洗礼和现实的检验，依然闪耀着智慧的光芒，成为社会主义核心价值观不可或缺的文化基因。

三、优秀传统文化对高校学生文化自信的影响

当代高校学生的民族观、道德观、国家观尚未完全形成，坚定信心才能保持自信，因此培养青年学生的文化觉悟能力至关重要。

此外，优秀传统文化慢慢影响和改变着人们的生活，比如，在公交车和地铁上，人们能听到一些温暖提醒，在电视节目里，有很多以中华优秀传统文化为主题的节目，如《中国诗词大会》《中国汉字听写大会》《中国成语大会》等，以大学生更加容易接受的方式，让他们在认知中华优秀传统上达成一致。将中华优秀传统文化与现代生活融合可以有效地激发优秀传统文化的活力。

不少高校开设了中华优秀传统文化的必修、选修课，通过教学指导学生了解传统文化，潜移默化地影响学生。中华优秀传统文化影响着高校学生生活的方方面面，这不仅是由于学校的推动，更多的是来自学生本身对本民族文化的认可和赞同。大学生应该从内心深处、从根本上认可自我、展现自我。

面对复杂的国际环境，不同的观点充斥在高校青年学生当中，在大量西方文化涌入中国的大背景下，部分青年学生漠视传统习俗，慢慢忘记了中华优秀传统文化。随着人们生活节奏的不断加快，年轻人容易浮躁和焦虑，遇到事情不能冷静下来，对中华优秀传统文化表现比较冷淡。

时代在发展，社会在进步，高校学生不能在精神方面松懈自己，需要以科学的态度对待中华优秀传统文化，客观地对待各国文化的差异，取人之长，补己之短。高校学生需要从根本上以社会主义核心价值观为准绳，坚定理想信念，做有志向、有内涵、有责任感的社会主义建设者和接班人。

第四节 优秀传统文化与高校学生文化自信培养策略

一、相关策略建议

大学阶段是学生三观形成的关键时期，为青年的发展和成长提供了良好的环境，因此，高校必须发挥好文化阵地的作用和文化育人的功能。在增强当代大学生文化自信方面，需要用科学的方法，帮助大学生构建核心价值观。

那么，如何用中华优秀传统文化增强大学生的文化自信？笔者认为需要了解当代大学生的认知情况，并从社会、高校、学生三个方面提出意见和建议。

（一）社会方面

1. 完善社会管理制度

相关政府机构和部门应该制定发展和传承中华优秀传统文化的有关管理规定，保证长期有效地进行，严格管理，有效领导，保证工作的落实。相关政府机构和部门需要把传统文化融入日常工作中，加大宣传力度，建立政策导向制度，为传承和发展中华优秀传统文化提供政策支持。

2. 做好责任划分

在弘扬中华优秀传统文化过程中，必须做好各单位的责任划分，保证各环节的工作落实到位。此外，需要建立健全监督机制，提高相关人员的工作积极性。

3. 切实加大财政投入力度

建立有关基金，科学地进行资金规划和支出。同时，政府需要激励团体和组织积极参与中华优秀传统文化的传承和发展工作，促进相关制度的建立、健全和创新。

4. 坚持社会多方面的协调配合，营造适合传承的文化大环境

在市场经济的大环境之下，文化的传承和发展需要有特定的社会环境。社会各方面需要一起努力，共同配合，为中华优秀传统文化的发展提供良好的环境。

5. 建立健全相关法律制度

政府应该通过完善的市场奖惩制度和法律制度指导文化产业，提高产业经济的合法性，科学分配资源。

6. 运用大众传媒促进中华优秀传统文化的传承和发展

首先，传播中华优秀传统文化需要充分发挥现代大众传媒方式的优势。当今，人们接触比较多的大众传媒方式为广播、电视、报纸、杂志，国家应该做好各种传播内容的审批。

其次，坚守网络阵地，倡导主流思想。要充分利用网络搭建信息传播平台，通过网络媒介举办内容丰富的传统文化教育活动，创办全面立体的网络教育主页，把线上教学与线下教育结合起来，使其互相补充。

最后，加大宣传力度，营造良好社会舆论氛围，潜移默化地影响青年学生，增强他们的文化自信。

7. 把中华优秀传统文化融入社会主义核心价值观念

我们需要把中华优秀传统文化融入社会德育建设之中，与社会主义核心价值观结合，发掘深层次内涵，争取创新性发展。

（二）学校层面

1. 完善中华优秀传统文化课程建设

高校是青年学生学习知识的地方，中华优秀传统文化教育对学生建立正确的三观具有促进作用。但是，部分高校在中华优秀传统文化教育方面的课程体系建设不完善。一方面，许多经典著作晦涩难懂，需要深入整理和研究后才能进行教学；另一方面，很多高校根本没有设立专门的中华优秀传统文化教研组，缺少专业人员进行研究，课程内容和课程设置标准不明确。对此，高校应设立专门的中华优秀传统文化教研组进行课程设置和教学内容的研究，并与其他专业课紧密结合，这有助于学生自主选择学习中华优秀传统文化。

大学语文课程很容易结合中华优秀传统文化教育，但是如何在其他思想政治教育课程中融入中华优秀传统文化因素值得我们探讨。比如，教师可以结合实际例子，在课堂上带领学生一起讨论大学生诚信、爱国主义培养等专题。大学生更加关心这些自己喜闻乐见、比较熟悉的热点问题，对这些问题也怀有很大热情。教育工作者需要让他们更加深入地学习和了解中华优秀传统文化，真正让中华优秀传统文化进入课堂。

2. 开展丰富的文化活动，做到知行合一

高校需要多开展丰富的文化活动，让学生更加深刻地理解中华优秀传统文化，真正做到理论和实践的结合。高校可以举办的文化活动包括以下几种类型。

（1）实践型活动

在学校里，学生会、社团可以举办各种活动，通过活动鼓励学生积极参与中华优秀传统文化的学习，提升文化素养。同时，一些参观、讲座、交流活动也可以帮助大学生增强文化自信。

（2）交流型活动

学校可以邀请名师来演讲，在活动中为学生提供展示的舞台，提高学生对中华优秀传统文化的热情。这种活动包括教师讲坛、座谈会等不同形式。

（3）举办传统节日相关活动

为了有针对性地传播中华优秀传统文化，高校可以举办一些活动，结合中华传统节日，让中华优秀传统文化深入人心。

3. 拓宽教育途径，通过多样的教学教育途径传播中华优秀传统文化

在 21 世纪，网络课堂越来越普及，高校应该注重对专业课程的网络化建设，提高学生自主学习的能力。另外，高校需要积极引进名师资源，改进网络课程体系，将中华优秀传统文化教育融入方方面面。

4. 提升教师的传统文化素质，加强师资队伍建设

当前，大部分教师的传统文化教育不够全面，教学方法枯燥，无法调动学生的主动性，学生无法深刻领悟中华优秀传统文化的内涵，导致教学质量低。因此，高校必须加强师资队伍建设。

一方面，应将中华优秀传统文化的精髓教育与高校教师继续教育相结合。高校可以聘请专家对高校教师进行培训，或定期举办中华优秀传统文化研讨会，为教师交流教学经验提供平台。教师也要对自己严格要求，努力提升自我认知，将中华优秀传统文化的精髓融入现代教育之中，对学生产生积极的影响。另一方面，

高校应该把中华优秀传统文化素养作为考核教师的一项指标，让思想文化素养成为评判教师水平的标准之一。

（三）学生层面

1.增强青年学生的主体意识

只有调动青年学生的积极性，提升其主体意识，才能较好地完成思想政治教育。老师一定要尊重学生的想法和意见，引导学生学会自我管理，让学生独立完成老师布置的一些任务。

2.提高青年学生对中华优秀传统文化的认知

高校应该承担起责任，让学生对中华优秀传统文化有更加全面、深入的了解。有效利用专家的感染力，让学生主动了解和学习中华优秀传统文化，高校需要多创造条件，提供良好的学习氛围和环境，让学生在不知不觉中受到熏陶。学生只有真真切切地体会到中华优秀传统文化的美，才能提升自己的文化自信。

3.养成良好的道德行为习惯

从学生方面来看，高校学生需要进行内省，尊敬师长，团结同学，培养自律，保证诚信，完善自己，辩证看待问题，保证心理健康发展，做到一日三省。从学校方面来看，高校需注意培养学生踏实进取、积极上进的精神。青年人要通过自己的努力为社会作出贡献，实现自我价值。

二、相关引申研究

（一）改革语文课程提升高校学生文化自信

高校在课程设置方面，可以考虑将中华优秀传统文化课放在必修课和选修课之中。可以通过学生更熟悉、更能接受的方式对现有语文课程进行改革，提高学生的学习热情。教育改革有利于帮助学生更深刻地了解优秀传统文化，有利于提高学生的文化自信。

（二）文化自信对弘扬中华优秀传统文化的作用

中华优秀传统文化作为中华民族的精神命脉与智慧结晶，不仅塑造了民族性格，也指引着国家的发展方向。在全球化的浪潮中，如何保持文化的独立性与创新性，使之成为推动社会进步的重要力量，文化自信成为了不可或缺的关键。

文化自信是指一个民族、一个国家对自身文化价值的充分肯定与积极践行，是根植于内心深处对文化的认同与自豪。它不仅仅是对过去辉煌成就的追忆，更是面向未来，勇于创新的内在动力。文化自信对弘扬中华优秀传统文化的作用具体如下。

第一，文化自信是传统文化传承与创新的前提。在高度信息化的今天，传统文化面临着被边缘化的风险。只有当我们深刻认识到自身文化的价值，才能激发保护与传承的热情，通过教育普及、数字化保存、创意转化等多种方式，让古老的文化遗产焕发新生。同时，文化自信鼓励我们在继承的基础上进行创新，将传统文化的精髓与现代社会的需求相结合，创造出既有深厚文化底蕴又符合时代潮流的新文化形态，如国潮品牌的兴起、非物质文化遗产的现代演绎等，都是文化自信推动传统文化创新发展的生动例证。

第二，在全球化的今天，文化软实力已成为国家综合国力的重要组成部分。文化自信的提升，有助于增强国家文化的吸引力和影响力，提升国际形象。中华优秀传统文化中的和谐共生、天下大同等理念，为解决人类面临的共同问题提供了中国智慧与中国方案。通过"一带一路"倡议、孔子学院等平台，中华优秀传统文化走向世界，促进了国际社会对中国的理解和尊重，增强了中国的文化软实力，为构建人类命运共同体贡献了力量。

第三，文化自信还能有效激发全民参与文化建设的热情。当民众对自己的文化充满自信时，他们会更加积极地参与到文化活动中，无论是传统节日的庆祝、民俗活动的传承，还是文化艺术的创作与欣赏，都能成为展现文化自信、增强民族凝聚力的有效途径。这种广泛的文化参与，不仅丰富了民众的精神生活，也促进了社会文化的繁荣发展。

总之，文化自信是弘扬中华优秀传统文化的重要动力。我们应更加坚定文化自信，深入挖掘传统文化的精髓，勇于创新，不断提升国家文化软实力，让中华优秀传统文化在新时代绽放更加璀璨的光芒。

（三）用实践教育增强高校学生的文化自信

儒家思想是我国传统文化的主流思想，影响深远，其中"仁"为核心，仁就是指"爱人"，高校学生需要认真学习儒家思想。高校对于"德"的教育，不应局限于书本知识，还应在实践中锤炼一个人的德行。

例如，在如今的大学生"三下乡"活动中，大学生义务支教，传播知识，不仅有利于他们健康成长，而且有利于他们将自己的命运与祖国的命运紧密相连。"三下乡"帮助高校学生感受生活，在实践中懂得"爱人"，懂得节俭，懂得感恩。"三下乡"的内容涵盖文化、科技、卫生，这是"智"的体现，包含了很多儒家思想和中华优秀传统文化精髓，高校青年学生在"三下乡"的过程中可以增强文化自信。

第三章 优秀传统文化与高校素质教育

本章对优秀传统文化与高校素质教育进行了阐述，内容为素质教育基本内容、高校素质教育现状、优秀传统文化与高校创新素质教育、优秀传统文化与高校职业素质教育、优秀传统文化引领大学生素质教育实现路径。

第一节 素质教育基本内容

最初，人们对人的素质与应试教育之间的关系进行了思考，继而提出了"素质教育"这一概念。自 20 世纪 80 年代起，素质教育的引入和推行不仅在教育界引发了重大变革，还对社会发展产生了深远影响。

素质教育的概念被提出以来，学术界和教育理论界就对素质教育进行了以下三种不同的界定：一是认为素质教育是一种教育理念，其主要目标不是应试，而是培养学生的综合素质；二是认为素质教育应当是我国未来的主要教育模式，是应该涵盖所有领域的一种教育模式；三是把素质教育看作是我国现阶段教育政策的一种补充形式，因为我国现阶段的教育理念强调全面发展，但又过于抽象，不能够具体实施，所以需要素质教育的辅助。学术界和教育理论界之所以对素质教育有着多方面的不同的解读，是因为素质教育有一个动态的发展过程，它并不是一成不变的，这也使我们有更多的角度去充分理解其内涵。

我们需要明确定义素质教育，即在基础学科教育的基础上，紧密关注人类和社会的需求，且注重提升国民的整体素质，重视学生的个体价值，满足其发展需求，并以培养创新和实践能力为目标，实现学生全面发展的一种教育理念。素质教育的核心特征是与其他教育形式不同的。通过对素质教育的发展历程和内涵的探讨，我们可以推断出素质教育最初是为了纠正应试教育中的错误而兴起的。应试教育因为对学生素质关注不够全面，不符合学生的身心发展规律，所以无法培养出多方面发展的人才。素质教育的内涵在人们对其进行不断的探索中逐渐丰富。素质教育的灵魂、核心和目标都是关注人的发展。素质教育以人的全面发展为核心，注重个体整体素质的全面提升、个性发展，以及培养创新精神和能力。

可以说，素质教育的目的是全面发展个体，既要求学生具备扎实的专业知识，又要求他们具备高尚的品德修养，从而培养出具备全面素质的人才。素质教育注重个体的整体发展，这体现了对人的个性的尊重，也是在积极贯彻党的教育方针，同时也符合当代社会对高质量人才的需求。

一、以立德树人为素质教育的目的

贯彻立德树人的方针，将其作为全面发展的首要目标，这不仅具有明显的时代特征，更是素质教育理念创新发展的体现，立德树人方针的先进性主要表现在以下三个方面：首先是揭示了教育培养人的本质，展现了对培养目标、培养方法的新理解；其次，它彰显了道德教育的重要引领作用，强调提升个体的道德品质是教育的首要任务，对个体的全面发展提出了新的要求；最后，它揭示了道德发展与人的全面发展之间存在着密切的相互关系，重点强调了道德教育对于人类全面发展的重要性。

二、以思想政治教育为素质教育的灵魂

新时代素质教育的核心在于进行思想政治教育，将培养背负着民族振兴使命的新时代青年放在首位，还要帮助他们坚定理想信念，筑牢精神之基，为党和国家事业发展提供思想支持。我们要用新时代中国特色社会主义思想来武装头脑，使全体国民在信念、价值观和道德方面保持紧密团结，培养出具有理想信念、才干和担当精神的发展时代新人，为中华民族伟大复兴贡献力量。

三、以创新精神和实践能力为素质教育的重点

新时代素质教育的重要目标之一是培养学生的创造性思维和动手能力。民族进步的关键是创新，国家兴旺发达的动力也是创新。在现在这个信息化快速发展

的时代，科技进步迅速，人才之间的竞争越来越激烈。青年要勇于创新，充分发挥自身积极性，为国家进步、民族振兴提供强大的精神支持。我们应当教育学生让他们通过劳动和实践的方式追逐梦想，并努力实现。素质教育鼓励学生通过工作和实践来坚定意志力，培养坚强的意志品质，强调知识不仅仅来源于书本，更需要通过身体实践来掌握，引导学生实现理论与实践的统一，通过理论提高实践能力，通过实践来深化理论目标。

四、以高素质师资队伍建设为素质教育的关键

教师是教育事业的基石和引领者，肩负着传授知识、引导思想的重要责任，同时也承担着塑造灵魂和三观的时代使命。教育是一项重要的事业，它关系到人类的未来。教师在教育中扮演着至关重要的角色，决定着教育质量和未来的走向。优秀的教师团队是一所学校的骄傲，也是民族的希望。在新时代素质教育的发展过程中培养一支有道德、有扎实专业知识的高水平教师团队是至关重要的。素质教育发展的关键抓手是加强教师队伍建设，因此必须意识到教师工作的重要性。教师要做到公平公正地对待每一名学生，尊重学生，善于发现学生的优点，只有这样，才能帮助学生成为全面发展的高素质人才。

五、以教育公平为素质教育的基石

新时代素质教育的基石是教育公平，社会公平的重要基础是教育公平，维系社会公平正义的坚实基石也是教育公平。教育事业必须保证在"公平和质量"两方面取得进步，这为中国未来教育的发展制定了清晰的指导方针。促进社会和谐发展和实现全面发展，都要求我们把教育公平放在首位。当下，人民群众普遍希望能够获得公平教育的机会，也就是能够"人人上好学"。

第二节　高校素质教育现状

一个国家的国民素质高，国家综合实力就强，国家发展就快。当代大学生是现代化建设的主力军，如何提高大学生素质早已引起社会广泛关注。

在学生思想道德素质、能力、个性、身心健康的教育和培养方面，素质教育可以发挥非常重要的作用，但就目前的情况来看，关于大学生的高校素质教育还没有达到应有的效果。

一、思想道德教育有待完善

（一）教育内容缺乏时代性和针对性

当前，高校思想道德教育的内容往往过于陈旧，缺乏与时代发展紧密结合的新元素。很多教材仍停留在传统的道德理论和道德规范上，未能及时吸纳现代社会的道德观念和道德要求。这导致教育内容与学生的实际生活脱节，难以引起学生的共鸣和兴趣。

同时，教育内容缺乏针对性，未能针对不同专业、不同年级、不同思想状况的学生进行差异化教育。一刀切的教育方式使得思想道德教育缺乏个性化和精准性，难以满足不同层次学生的需求。

（二）教育方式单一且缺乏创新

高校思想道德教育的方式往往以课堂讲授为主，缺乏多样化的教学手段和方法。这种单一的教学方式容易使学生产生厌倦感，降低学习效果。此外，部分教师在授课过程中过于注重理论知识的灌输，忽视了实践环节的重要性，导致学生难以将所学知识应用于实际生活中。

另外，高校思想道德教育在创新方面存在不足。随着互联网的普及和信息技术的快速发展，新媒体等新型传播方式已经渗透到人们生活的方方面面。然而，高校思想道德教育在利用新媒体进行宣传教育、开展互动式教学等方面还显得滞后，未能充分发挥新媒体的优势和作用。

（三）教育环境有待优化

高校思想道德教育的环境对学生的道德成长具有重要影响。然而，当前高校思想道德教育的环境还存在一些问题。一方面，部分高校对思想道德教育的重视程度不够，投入不足，导致教育设施不完善、教育资源匮乏。另一方面，校园文化的建设还有待加强，缺乏积极向上的文化氛围和良好的道德风尚。

同时，社会环境对高校思想道德教育的影响也不容忽视。随着社会的快速发展和变革，各种思潮和观念相互激荡，对高校学生的思想道德观念产生了深刻影响。一些不良社会现象和道德失范行为对高校学生的道德成长造成了负面影响，增加了思想道德教育的难度。

（四）教育效果评估机制不健全

高校思想道德教育的效果评估是检验教育质量的重要环节。然而，当前高校思想道德教育的效果评估机制还不健全，存在一些问题。一方面，评估标准过于笼统和模糊，缺乏具体化和可操作性的评估指标。另一方面，评估方式过于单一，往往以考试或问卷调查为主，未能全面反映学生的思想道德水平和教育效果。

此外，评估结果的反馈和应用也存在不足。部分高校在评估结束后未能及时将评估结果反馈给教师和学生，导致评估结果未能得到有效利用和改进。同时，评估结果在评优评先、奖学金评定等方面的应用也不尽合理，未能充分发挥评估的激励和导向作用。

随着社会的快速发展和竞争的日益激烈，大学生面临着越来越多的心理压力和挑战。高校作为培养人才的重要阵地，不仅应该关注学生的知识和技能培养，更应该重视学生的心理健康教育。高校心理健康教育对于促进学生的全面发展、维护校园稳定和谐具有重要意义。因此，我们必须深刻认识到高校心理健康教育的重要性，并采取切实有效的措施加以推进。

二、心理健康教育存在问题

尽管高校心理健康教育的重要性日益凸显，但在实际操作中仍存在一些问题，影响了其效果的发挥。

（一）重视程度不够

一些高校对心理健康教育的重视程度不够，将其视为可有可无的附加课程或活动。这种观念导致心理健康教育在课程设置、师资配备和资源投入等方面得不到应有的保障。

（二）教育内容单一

目前，一些高校的心理健康教育内容主要集中在心理健康知识的传授上，缺乏对学生实际心理需求的关注和回应。这种单一的教育内容难以激发学生的学习兴趣和积极性，也难以满足他们多样化的心理需求。

（三）教育方法陈旧

一些高校在心理健康教育方法上仍然采用传统的讲授式教学和灌输式教育，缺乏对学生主体性和创造性的尊重和发挥。这种陈旧的教育方法容易导致学生的逆反心理和抵触情绪，降低了教育的效果。

（四）教师队伍薄弱

高校心理健康教育需要一支专业性强、素质高的教育队伍来支撑。然而，目前一些高校在心理健康教育队伍建设方面存在不足，缺乏专业的心理咨询师和辅导员，导致教育质量和效果难以保证。

三、创新与实践能力不容忽视

在当今这个日新月异的时代，创新与实践能力已成为衡量高校学生综合素质的重要标尺，不仅是个人成长与发展的关键驱动力，也是国家和社会持续进步不可或缺的基石。本文旨在探讨创新与实践能力对高校学生的重要性，并分析其培养路径，以期为高等教育的人才培养提供参考。

创新能力，简而言之，是指个体在面对新情境、新问题时，能够提出新颖观点、创造新方法、开发新产品或服务的能力。它融合了批判性思维、想象力、问题解决能力和知识迁移等多方面素养，是推动科技进步、产业升级和社会变革的核心力量。实践能力，则是指将理论知识应用于实际操作中，通过实践活动深化理解、验证理论、解决实际问题并积累经验的能力。实践能力强调"学以致用"，是连接知识与实践、理论与实践的桥梁，是实现知识价值、促进社会发展的重要途径。

在快速变化的社会环境中，拥有创新与实践能力的学生能够更灵活地适应新挑战，不断自我提升，实现个人潜能的最大化。这不仅有助于学业成绩的优异，更能在职业生涯中脱颖而出，成为行业内的佼佼者。创新是科技进步的灵魂，实践则是科技创新转化为生产力的关键环节。高校学生作为未来社会的中坚力量，其创新与实践能力直接关系到国家科技实力和国际竞争力的提升。创新与实践能力的提升，能够激发市场活力，催生新业态、新模式，为经济发展注入新的增长点。同时，通过解决实际问题，促进社会公平与和谐，提升民众生活质量。在全球化的背景下，具备创新与实践能力的人才是国际竞争的核心资源。高校学生在国际交流与合作中展现出的创新能力与实践成果，是国家软实力的体现，有助于提升国际影响力。

因此，高校应构建跨学科课程体系，鼓励学生跨专业学习，拓宽知识视野，为创新思维提供丰富的素材。同时，增加实践课程比重，如实验、实训、项目制学习等，让学生在实践中学习，在学习中实践。同时，高校可以建立校企合作、产学研一体化的实践教学基地，为学生提供真实的工作环境和项目机会，使理论学习与实践操作紧密结合，加速知识向能力的转化。

四、环境因素需要改善

传统观点认为素质教育和专业课教师无关，专业课教师只负责教授本专业知识，但实际上，所有教师在讲台上的一言一行都会对学生产生深远的影响。

另外，大学生会通过模仿身边同学的言行来成长进步，但大学生的识人能力普遍不强，容易被不良环境和品行不端的同学感染，因此，我们要格外重视环境因素对大学生素质教育的影响。

第三节　优秀传统文化与高校创新素质教育

高校作为培养现代化高素质人才的主要阵地，应深刻把握中华优秀传统文化的教育价值，将中华优秀传统文化融入高校素质教育，重点培养创新人才。

一、开放进取的中华优秀传统文化

开放进取是中华优秀传统文化的重要特质。中华文明之所以绵延不绝、历久弥新，一个重要原因在于其具有开放包容、锐意进取的优秀品格。开放进取不仅体现在中华民族对外部世界的开放包容、学习借鉴上，也体现在中华民族对自身发展道路、发展模式、发展理论的不断探索和创新上。

（一）开放进取的中华优秀传统文化是中华民族的重要精神标识

开放进取是中华优秀传统文化的鲜明特质。中华优秀传统文化源远流长、博大精深，其中蕴含着丰富的开放进取思想。从"协和万邦"的天下情怀到"以和为贵"的交往之道，从"兼容并蓄"的文化气度到"和而不同"的文明理念，都体现了中华民族开放包容、锐意进取的优秀品格。

开放进取是中华民族自强不息、厚德载物的生动写照。自强不息是中华民族的重要精神内核，它激励着中华民族不断追求进步和发展。厚德载物则是中华民族优秀传统文化的重要特征，它强调以高尚的道德情操来承载万物，体现了中华民族宽广的胸怀和深厚的文化底蕴。在自强不息、厚德载物的精神引领下，中华民族不断开拓进取，创造了辉煌灿烂的历史文化。

开放进取是中华民族与世界文明交流互鉴的重要动力。在漫长的历史进程中，中华民族始终保持着开放包容的姿态，积极吸收借鉴外来文化的优秀成果。从汉唐盛世的对外开放到明清时期的海上丝绸之路，再到近代以来的洋务运动、戊戌变法等，都体现了中华民族在开放中寻求发展、在交流中推动进步的坚定信念。这种开放进取的精神特质，不仅推动了中华民族自身的繁荣发展，也为世界文明的交流互鉴作出了重要贡献。

（二）开放进取的中华优秀传统文化在历史上的具体体现

开放进取的中华优秀传统文化在历史上有着丰富的具体体现，这些体现不仅展示了中华民族的开放包容精神，也体现了中华民族锐意进取、不断创新的优秀品格。

1.汉唐盛世：对外开放与交流互鉴的典范

汉唐时期是中国历史上对外开放的重要阶段。汉朝时期，张骞出使西域，开辟了丝绸之路，加强了中原王朝与西域各国的经济文化交流。唐朝时期，中国更是成为了当时世界上最强盛的国家之一，对外开放达到了前所未有的高度。唐朝不仅与周边国家保持着密切的友好关系，还积极派遣使节、留学生等前往海外学习和交流。在汉唐盛世时期，中国不仅向外界展示了中华文明的博大精深，也积极吸收借鉴了外来文化的优秀成果，推动了中华文明的繁荣发展。

2. 海上丝绸之路：拓展海外贸易与文化交流的桥梁

海上丝绸之路是古代中国与外国交通贸易和文化交往的海上通道，它起始于秦汉时期，发展于三国至隋朝时期，繁荣于唐宋时期，转变于明清时期，是已知的最为古老的海上航线。海上丝绸之路不仅促进了中国与海外国家的贸易往来，还推动了文化的交流与传播。通过海上丝绸之路，中国将丝绸、瓷器、茶叶等商品运往世界各地，同时也吸收了外来的香料、珠宝、玻璃器等商品和宗教、艺术等文化元素。这种开放包容的贸易和文化交流模式，不仅促进了中国与世界各国的经济繁荣，也推动了不同文明之间的交流与融合。

3. 洋务运动：学习西方科技与文化的重要尝试

洋务运动是清朝末期的一场自强运动，旨在通过学习西方先进的科学技术和军事装备来挽救国家危亡。在洋务运动期间，中国创办了一批近代军事工业和民用工业，建立了新式海陆军，并创办了新式学堂和派遣留学生等。这些举措不仅推动了中国近代化进程的发展，也促进了中西文化的交流与融合。通过洋务运动，中国开始接触到西方的科学文化和技术知识，为后来的现代化进程奠定了基础。

4. 戊戌变法：推动政治体制变革与思想解放的尝试

戊戌变法是晚清时期以康有为、梁启超为代表的维新派人士通过光绪帝进行倡导学习西方、提倡科学文化、改革政治、教育制度，发展农、工、商业等的资产阶级改良运动。戊戌变法虽然最终失败了，但它在中国近代史上具有重要意义。戊戌变法推动了中国人民的觉醒和思想的解放，促进了中国政治体制的改革和现代化进程的发展。同时，戊戌变法也展示了中华民族在面临危机时勇于变革、锐意进取的精神风貌。

（三）开放进取的中华优秀传统文化在当代的传承与发展

在当代社会，开放进取的中华优秀传统文化仍然具有重要的现实意义和价值。我们应该深入挖掘和传承这一优秀传统，推动其在当代社会的传承与发展。

1. 推动文化交流互鉴，促进世界文明多样性发展

在全球化的背景下，文化交流互鉴已成为推动世界文明多样性发展的重要途

径。我们应该坚持开放包容、平等互利的原则，推动不同文明之间的交流与合作。通过举办文化节庆活动、开展文化交流项目等方式，增进各国人民之间的相互了解和友谊。同时，我们也应该积极吸收借鉴外来文化的优秀成果，推动中华文化的创新发展。在尊重文化差异的基础上，寻求文化共识和共同价值，推动世界文明多样性发展。

2. 加强国际合作，共同应对全球性挑战

当前，世界面临着诸多全球性挑战，如气候变化、环境污染、恐怖主义等。这些挑战需要各国携手合作、共同应对。我们应该坚持开放合作的理念，加强与国际社会的合作与交流。通过推动全球治理体系改革和完善、加强国际经济金融合作等方式，共同应对全球性挑战。同时，我们也应该积极参与国际事务和全球治理，为推动构建人类命运共同体贡献中国智慧和力量。

3. 推动创新发展，实现中华文化的繁荣兴盛

创新是引领发展的第一动力。我们应该坚持创新驱动发展战略，推动中华文化的创新发展。通过加强文化科技融合、推动文化产业转型升级等方式，提升中华文化的竞争力和影响力。同时，我们也应该注重挖掘和传承中华优秀传统文化中的创新元素和思维方式，为当代社会的创新发展提供有益的启示和借鉴。在推动中华文化繁荣兴盛的过程中，我们应该坚持文化自信和文化自觉的原则，既要保持对中华优秀传统文化的敬畏之心和传承之志，又要敢于创新、勇于实践，推动中华文化不断焕发新的生机和活力。

（四）传承与发展开放进取的中华优秀传统文化的注意事项

1. 加强教育引导

要通过学校教育、社会宣传等多种方式，加强对开放进取的中华优秀传统文化的宣传和教育。让更多的人了解和认识这一优秀传统的重要性和价值，激发人们的文化自信和文化自觉。

2. 加强文化遗产保护

要加强对中华优秀传统文化的保护和传承工作，包括历史文物、古籍文献、传统技艺等。通过加强文化遗产保护，让后人能够更好地了解和传承中华优秀传统文化。

3.推动文化产业发展

要大力发展文化产业，推动中华优秀传统文化与现代产业的融合发展。通过文化产业的发展，让中华优秀传统文化更好地融入现代社会生活，为人民群众提供更多的精神文化产品和服务。

4.加强国际交流与合作

要加强与国际社会的交流与合作，推动中华优秀传统文化的国际化传播。通过国际交流与合作，让更多的人了解和认识中华优秀传统文化，增进各国人民之间的友谊和相互理解。

总之，开放进取的中华优秀传统文化是中华民族的重要精神标识和宝贵精神财富。在新的历史起点上，我们要继续发扬这一优秀传统精神，以更加开放包容的姿态拥抱世界，以更加锐意进取的精神推动发展。通过加强教育引导、文化遗产保护、文化产业发展和国际交流与合作等工作，推动中华优秀传统文化的传承与发展，为实现中华民族的伟大复兴提供强大的精神动力和文化支撑。同时，我们也应该积极借鉴外来文化的优秀成果，推动中华文化的创新发展，为构建人类命运共同体贡献中国智慧和力量。

二、优秀传统文化与创新素质教育融合路径

从黄帝时期延续至今的中华文化已经有数千年的历史了，其内涵丰富多彩，源远流长。值得注意的是，经过时间检验的、历经多年仍然存在的、有着重要价值的文化才是优秀传统文化，而并非所有文化都是。同样，能够产生新技术、新思想或者新发明的人才才能被称为创新人才，这样的人才有着较强的创新能力和较高的创新素质，并且是能够全面发展的综合型人才。

（一）传统文化教育与创新人才培养的内在统一

中国传统文化与创新人才培养并非互相对立，而是相辅相成的，具有统一性。传统文化在几千年里不断发展沉淀，并被人们传承下来。新事物的产生和旧事物的消亡的过程就是传统文化发展的实质，所以，传统文化的发展也可以看作是一个不断创新的过程。培养创新人才的一个重要途径就是教育，教育旨在激发人才的创造力，以推动建设创新型国家。中国目前正在推动教育改革，促使教学方式

从传统的灌输式知识传授转向注重素质教育的新模式。之所以要不断加强对高校学生创新精神、创新能力、创新意识的培养，是因为高校是创新人才培养的前沿阵地。中华优秀传统文化源远流长，在经过千年传承后，成为现代教育的重要财富。教育与中华优秀传统文化之间有着密切的联系，它可以起到挖掘、传承、改进和创新中华优秀传统文化的作用。中华优秀传统文化具有很强的凝聚力，可以有效协调个体与社会之间的关系，引导人们做出符合社会主义价值观念的行为。

随着经济全球化的发展，世界各国之间的交往越来越频繁，这就导致不同国家的传统文化之间发生碰撞。在复杂多变的国际环境下，中国应当加强中华优秀传统文化的教育，培养文化自信，探索传统文化的核心价值，发挥其对创新人才的引导作用。在这个新的时代，培养人才是文化教育的首要任务，中华优秀传统文化在培养人才的过程中具有重要作用，可以将优秀传统文化融入人才的培养过程中，通过对中华优秀传统文化的传承教育，让中华优秀传统文化成为个人意识和思维的一部分，进而通过个人的行为表现出来。中华优秀传统文化博大精深，包含了许多创造性元素，这种创造性也是创新人才所具备的创新意识和创新精神的体现。中华优秀传统文化能够有效地培养创新人才，为创新人才的培养提供丰富的资源。中华优秀传统文化在教育中的作用和培养创新人才之间有着密切的内在联系。我们应该以中华优秀传统文化为基础，寻找有效的方法来培养创新人才。

（二）创新人才培养中优秀传统文化育人机制的构建

中华优秀传统文化教育在培养创新型人才方面具有重要作用，中国正在积极探索如何通过中华优秀传统文化教育来提升创新人才培养水平，但在实践中却面临着诸多挑战。因此，我们需要持续地开展实践研究，建立一套培养创新人才的机制，充分彰显优秀传统文化在人才培养中的教育作用。

首先，是转变传统文化教育观念，积极发挥中华优秀传统文化对培养创新人才的促进作用。尊重优秀传统文化，并将其与现代科学教育理念相结合，这样有助于遵循教育规律，帮助学生树立理想信念，推动优秀传统文化的传承和发展。要建立健全的教育体系，必须秉持全面教育的原则，激发教育对象的创造性潜力，特别是注重培养他们的创造性思维和实践能力，并重视中华优秀传统文化教育的科学性和思想性的和谐统一。另外，为了传承中华优秀传统文化，必须培养人才的创新思维，积极挖掘人才的创造力，促进创新教育和创业教育的有机结合。学校教育应该注重培养学生的创造性思维和创新能力，帮助他们培养自主思考、勇于探索和积极实践的习惯。

其次，建设高水平的师资队伍是构建优秀传统文化育人机制的重要需求之一，同时要持续引入创新元素。为了提高学校教育中优秀传统文化教育的专业水平，必须不断加强培养具备优秀传统文化教育能力的教师队伍。教育者应该深入研究中华优秀传统文化，理解其核心精髓，以增强传承和弘扬优秀传统文化的能力。教育者在传承中华优秀传统文化时，应具备持续探索和创新的意识，这与传统文化所需的创造性是一致的。中华优秀传统文化教育的目标不是机械地传授受教育者优秀传统文化知识，而是培养他们在现实生活中应用这些知识的能力，让优秀传统文化展现出时代的特征。优秀的传统文化教育者展现出的创新能力和意识对于培养创新人才具有重要影响，他们为受教育者树立了积极的榜样，潜移默化地激发了学生的热情和灵感。

另外，确保育人机制的有效性也要考虑到教育内容的适配性。中华优秀传统文化涵盖了丰富多彩的内容，对教育者来说，在确定教育内容时如何筛选出优秀传统文化，是一个具有挑战性的问题。选择传承中华优秀传统文化教育内容时，应该考虑创新人才的人生观和价值观。历史上，大多数富有创造力的杰出人物都表现出高尚的道德标准和理想主义精神。中华传统文化中所包含的理想和道德教育元素，对于培养创新型人才具有重要意义，它为他们建立正确的人生观和价值观奠定了坚实的道德基础。

为培养有创新精神的人才，我们需要选择合适的优秀传统文化教育内容。例如，良好的品德是培养创新人才素质的关键推动力量，是创新思维和创新意识在品德方面的体现。传统文化中涉及品德培养的内容十分丰富，具有丰富的历史内涵，同时也具备重要的现实启示。建立良好的传统文化教育模式，需要与培养具有创新意识的人才相互融合。创新人才在精神上反映现实世界内容的能力，受到中华传统文化价值理念的影响，如责任、灵活性和探索精神等。这些概念对创新人才的思维能力产生重要影响，可以与他们的培养内容相融合，让他们展现出创新思维的能力。这不仅可以促进优秀传统文化对培养创新人才的教育发挥作用，也是优秀传统文化对引导社会实践的必然要求。

最后，建立有效的优秀传统文化教育体系需要营造良好的教育氛围。培育具有创新精神的人才是社会主义建设的关键使命和责任，也是教育领域要迎接的挑战。随着教育普及程度的提高，中华优秀传统文化教育以及创新人才培养也可能受到影响。具体来说，大多数学生缺乏创新意识，缺乏关注创新的动力，这与培养创新人才的初衷背道而驰。出现这种情况主要是因为教育领域缺乏创新能力培养的良好氛围，教育工作者对培养创新人才的重要性认识不够全面，且缺乏坚实的理论基础。中华优秀传统文化在培育人才方面具有重要作用，同样也是社会主义先进文化的重要组成部分。因此，为了培育具有创新能力的人才，高校应该建立以中华传统文化为核心的教育体系，重视文化传承和对学生社会责任感、创新能力的培养。

中国目前正在推动教育改革，推动教学方式从传统的知识传授型向创造力培养型转变。高校是孕育创新人才的重要场所，因此应该更加关注培养学生的想象力、创造力和创新思维。我们需不断实践研究，建立重视中华优秀传统文化教育功能的人才培养体系，以促进创新人才的成长。

第四节　优秀传统文化与高校职业素质教育

一、中国传统敬业观

（一）敬业、敬业观

1. 敬业

中华民族一直保持着对"敬"和"敬业"的尊崇，通常以道德规范的形式对人们作出要求，"敬"和"敬业"的内涵也随着我国社会历史的推进不断发生演变。《诗经·周颂·敬之》里说："敬之敬之，天维显思，命不易哉。"[①] 这里"敬"通"儆"，意思是儆戒，同"警戒"，其中也蕴含虔诚、敬畏之意。《说文解字》里说："敬，肃也。肃，持事振敬也。"[②] 这里的"敬"可理解为端肃，指个人要注重保持

---

① 刘松来. 诗经 [M]. 青岛：青岛出版社，2011：234.
② 汤可敬. 说文解字 [M]. 北京：中华书局，2023：6902.

外在的仪表端庄、整洁，保持对所做的事情的专注。《孟子》里说："敬人者，人恒敬之。"[①] 这里的"敬"指的是尊敬、恭敬，是个人与他人交往的态度、准则。"业"最早的含义为学业，后面增加了事情、职业、岗位等含义，如今还指事业。

综上所述，敬业是指个体能够谨慎、专心、负责地对待自己的职业、事业、学业。热爱本职工作，忠于职守，持之以恒；扎实的专业技能；勤勉的工作态度，脚踏实地，任劳任怨；积极的进取意识，追求创新，精益求精；无私的奉献精神，舍己为公，忘我工作都是敬业的构成要素。

2.敬业观

敬业观的核心在于"敬"字，它不仅仅是对职业的尊重，更是一种全身心投入、追求卓越的精神状态。具体而言，敬业观包含以下几个关键要素：

第一，责任感：敬业者深知自己工作的重要性，对岗位职责有着清晰的认识，并愿意承担由此带来的责任与挑战。他们明白，个人的努力直接关联到团队乃至整个组织的成败。

第二，专注度：在敬业者眼中，工作不仅仅是谋生的手段，更是实现自我价值、创造社会价值的平台。他们全神贯注于任务，力求在每个细节上都做到尽善尽美。

第三，创新精神：敬业不仅仅意味着遵循规则，更在于敢于突破、勇于创新。面对问题，敬业者会积极寻求解决方案，不断探索新的工作方法和技术，以提升工作效率和质量。

第四，持续学习：在快速变化的时代背景下，敬业者深知学习的重要性。他们不断学习新知识、新技能，保持个人竞争力的同时，也为所在领域注入新的活力。

（二）中国传统敬业观的主要内容

1.谋道奉献、业以济世的职业理想

职业道德是社会期望个人对待工作的姿态，它的基石是奉献精神。奉献是自愿而真挚的付出，体现了强烈的道德责任感与义务感，奉献精神代表了崇高的职

---

① 孟轲.孟子[M].西安：三秦出版社，2018：81.

业品质。《礼记·礼运》说："大道之行也，天下为公。"①最高标准的敬业表现是自觉地承担社会责任，为国家、人民和更广泛的正义事业全力奋斗，以获得最大的社会效益。在一个秉持着"天下为公"和"为国为民"的理念的社会里，人们的行为应当符合道德规范和社会准则。古代的学者注重将所学知识应用于造福国家和民众。正所谓"己欲立而立人，己欲达而达人。能近取譬，可谓仁之方也已"②。在孔子看来，工作不仅是为了个人利益，也应当考虑到他人和社会的利益，为了他人的幸福而努力工作。这种敬业态度不仅是追求实现个人的价值，也致力于实现社会的价值。所谓"分则和，和则一，一则多力，多力则强，强则胜物"③，每个人在自己的职责范围内充分发挥个人的才智，能够形成强大的合力，推动整个社会的发展。宋朝理学家张载提出："为天地立心，为生民立命，为往圣继绝学，为万世开太平。"④张载立志高远、勤于学习不仅是为了个人，更是为了实现修身、齐家、治国、平天下的伟大理想。孔子主张"君子食无求饱，居无求安，敏于事而慎于言，就有道而正焉，可谓好学也已""君子谋道不谋食"⑤，认为君子应该抑制自己对物质享受的追求，不沉迷于饮食和住所的考究，而是应该专注于培养自己的道德品质，努力提高道德修养，兢兢业业、谨慎小心地对待工作，持续自我反省，以塑造高尚的人格，实现奉献社会的人生目标。

2.尽忠职守、爱业乐业的职业情感

职业情感是指从业者对其职业的稳定态度，这种态度会外化为他们的职业行为。积极的工作态度有助于形成更高层次的敬业观念。人们需要全心投入工作，尽心尽力地履行职责，只有这样，才能表现出对工作的忠诚和热爱，展现出高度的敬业精神。

《说文解字》中将"忠"解释为"敬"。对于古人来说，敬和忠是密不可分的两种美德，忠是敬业的重要体现。由于传统社会并不提倡从业者在职位间的流动，传统职业道德多强调从业者对职位要专注。"素其位而行，不愿乎其外""能

① 戴圣. 礼记 [M]. 西安：西安交通大学出版社，2022.
② 孟子. 孟子 [M]. 哈尔滨：北方文艺出版社，2019.
③ 荀子. 荀子 [M]. 沈阳：万卷出版公司，2020.
④ 吴朝军，刘肖娜. 温文载道 [M]. 西安：陕西师范大学出版总社有限公司，2012.
⑤ 孔丘. 论语 [M]. 西安：陕西旅游出版社，2003.

守一职，便无愧耳"①，意思是从业者要安于他平素所处的地位和工作，不企求本分外的事情，专注于自己的本职工作，只要对社会有益便无愧于社会了。

3. 持之以恒、自强不息的职业意志

人在做任何事情时都会遇到一些阻碍和挑战。职业意志是指人在履行自己的职责时，表现出的坚韧不拔的精神。古人非常注重工作中保持敬业的心态和职业精神，鼓励人要坚持不懈、积极乐观、坚定不移地工作，在工作上要坚定不移、勇往直前，克服挑战，最终达到"仁义"境界。

《周易》的"天行健，君子以自强不息"②、孔子的"发愤忘食，乐以忘忧，不知老之将至"③、荀子的"锲而不舍，金石可镂"④等警句，在历史上极大地激发了敬业主体的主观能动性，造就了中华民族自力更生、奋发图强、顽强拼搏的工作精神和敬业传统。《孟子》曰："天将降大任于是人也，必先苦其心志，劳其筋骨，饿其体肤，空乏其身，行拂乱其所为，所以动心忍性，曾益其所不能。"⑤暂时的困难有助于磨炼一个人的意志，使其坚定自己的理想和目标。一旦获得机会，这个人就会成功。只要心存坚定远大的理想，暂时的困境只是成功路上的一块试金石。人们在追求雄心壮志的道路上，遇到困难是无法避免的。但这些挑战并不能彻底击垮一个人，相反，在前行的道路上遇到的困难会锻炼一个人的决心，磨砺一个人的品格，最终促使他实现自己的理想。

4. 勤勉努力、精益求精的职业态度

在中华文化中，勤奋被视为一种优良品质，努力工作是最基本的职业操守。"勤"表示在工作中尽职尽责，勤勉努力，以达到业务的高水准。精益求精，勤奋工作，这是一种展现专业素养的方式。根据不同的职业特点，社会对工作的要求也有所不同。执政者应该努力处理国家事务，保持稳定统治；广大民众应该努力工作，为社会创造物质财富。"唐宋八大家"之一的韩愈曾经在他的《进学解》中提出："业精于勤，荒于嬉。"⑥学业因为勤奋学习而日渐精进，因为嬉戏玩乐而

① 颜之推. 颜氏家训 [M]. 太原：山西古籍出版社，1999.

② 曾凡朝. 周易 [M]. 武汉：崇文书局，2023.

③ 孔丘. 论语 [M]. 西安：陕西旅游出版社，2003.

④ 荀子. 荀子 [M]. 沈阳：万卷出版公司，2020.

⑤ 孟子. 孟子 [M]. 哈尔滨：北方文艺出版社，2019.

⑥ 韩愈. 唐宋八大家散文 [M]. 武汉：长江文艺出版社，2015.

有所荒废。"学如逆水行舟，不进则退"，勤学不能是一时的，我们应长久地将勤学的优良传统坚持下去。

关于职业技能，无论人们从事何种行业，只有具备精湛的技术才能高效地、高质量地完成本职工作。古人对敬业主体的业务水平也提出了更高的要求："志于道，据于德，依于仁，游于艺"①。从业者不仅要有高尚的道德情操，还要"游于艺"，即具备高超的技能。合格的君子应当德才兼备、既贤且能。在细节上追求完美体现的是一种专业品质，是一种职业操守。"工欲善其事，必先利其器""苟日新，日日新，又日新"②，只有具备精益求精的职业操守的人，才能有完美的工作表现。

5.重义轻利、诚信不欺的职业作风

义即为道德、原则、正义等，利即为经济、政治、实际利益等。职业活动的首要目标是获取日常生活所需，追求经济利益是职业工作的根本目标。然而，人们追求私利时难免会遇到个人利益与道德相抵触的情况。不管是古代还是现代，人们在工作中都会面临道德与经济之间的抉择。义与利既有碰撞，又有融合，这也反映了在特定社会环境中不同社会群体的价值观和选择。

在中国历史上，义利之辨由来已久。义与利的关系在中国学术史上一直是一个重要的讨论话题，从先秦的孔子、孟子，到西汉的董仲舒，再到宋明时期的程颐、程颢、朱熹、陆九渊、王阳明，传统义利观可谓一脉相承。从价值取向上来看，重义轻利论是中国传统文化的主流，以孔孟儒家为代表。"不义而富且贵，于我如浮云。"③遇到个人利益时，必须先考虑这种个人利益是否符合道德原则，即孔子所说的"见利思义"。如果不符合道德原则，对于孔子来说，富贵也无足轻重。孔子说的"放于利而行，多怨"④，就是说如果一个人只关心自己的个人利益，放纵地追求私利，那么他一定会引起很多人的不满。在孔子看来，"君子义以为上"⑤，道德的价值远高于物质的价值。从儒家的义利观可以得出结论，敬业精神要求人们优先考虑道义，当个人利益与他人、集体利益发生冲突时，应该考虑他人和集体的利益，树立利他精神。例如，这种重视道德和利益平衡的观念要求公职人员

① 孔丘. 论语 [M]. 西安：陕西旅游出版社，2003.

② 孔丘. 论语 [M]. 西安：陕西旅游出版社，2003.

③ 孔丘. 论语 [M]. 哈尔滨：北方文艺出版社，2019：89.

④ 孔丘. 论语 [M]. 哈尔滨：北方文艺出版社，2019：43.

⑤ 孔丘. 论语 [M]. 哈尔滨：北方文艺出版社，2019：252.

处理好公共利益和个人私利之间的关系，不能无视民众的困境，应该保持廉洁正直，远离贪污腐败，保持清白的职业操守。古人主张"毋为财货迷"[①]，秉持"不贪心"的职业道德准则，曾国藩教导子孙在任官时不要抱有追求个人财富的心态。一旦为官者沉溺于名利之中，无法抵御金钱利益的诱惑，便无法保持公正和为民情怀。

重义价值观的另一个表现就是诚信不欺。"有所许诺，纤毫必偿，有所期约，时刻不易。"[②]中华优秀传统文化强调一诺千金，言出必行。诚信不欺的职业作风在中国传统社会职业道德中尤为重要。历史表明，古代商业巨贾的成功得益于他们坚持诚信原则，他们的成功和财富增长与诚信密切相关。

二、中华优秀传统文化融入大学生职业素质教育

（一）中华优秀传统文化对大学生职业素质培养的作用

中华优秀传统文化对教育有着明显的正面影响，高校可以发挥中华优秀传统文化的教育作用来提高学生的职业素养，同时增进学生对中华优秀传统文化的理解，并积极传承这一宝贵的精神遗产。

中华优秀传统文化一直存在于我国人民心中，我们的行为方式常常反映出这种传统文化的影响。传统文化始终在悄然塑造着我国人民的性格特点，并深刻影响着我国人民的行为和思想。然而，现代大学生对中华传统文化的了解通常仅停留在表面，并未完全认识到其蕴含的价值，以及对当代社会的影响。中华优秀传统文化源远流长，积淀深厚，是我国宝贵的历史遗产和教育资源。有效挖掘和利用这些文化资源，有助于丰富职业素质教育内涵，并对职业素养教育起到促进作用。近年来，社会普遍强调培养学生的工匠精神，这种精神就源自中华优秀传统文化。我国古代工匠创作的精美作品以及为追求更高艺术境界而努力的例子，展现了中国人民追求卓越的工匠精神。

（二）通过中华优秀传统文化提高大学生职业素质的路径

如何促进中华优秀传统文化融入教学，植根于学生心灵，有效提升大学生的

---

① 楼含松. 中国历代家训集成 5 明代编三 [M]. 杭州：浙江古籍出版社，2017：3161.

② 朱用纯等. 增广贤文·朱子家训·袁氏世范 [M]. 合肥：黄山书社，2007：91.

职场修养，是高校人才培养中不可忽视的重要议题。

当代大学生充满热情、活力和自信，也注重务实和享乐，独立自主。为了激发大学生的学习兴趣，我们应该从当代大学生的思想动态出发，利用中华优秀传统文化中那些具有现实价值的元素提高大学生的学习热情。

这就需要为优秀传统文化注入现代元素，使其符合当代大学生的品位喜好，以现代化语言和手法演绎传统文化，促进中华优秀传统文化的传播、传承、革新和壮大。同时，我们需要坚持以学生为中心的理念，充分提高大学生的积极性和参与度，激发他们内在的学习动力，培养他们的创新意识和实践能力，建立起全方位的教育体系，全面培养学生的职业素养。

1. 引导学生正确认知职业素质

（1）明确学习目的，培养良好的学习习惯

要在特定行业有所成就，就必须具备牢固的知识基础，只有这样学生才能持续提升自我知识水平，从而更加高效地完成相关工作。学生需要在课外时间自主学习相关传统文化知识，这是提高文化素养的重要途径。教师应该引导学生制定学习目标并培养持久的学习动力，帮助他们明确自己的学习目标以激发学习热情。根据终身学习理念，人们应该在一生中持续地学习知识，学生不应该仅仅关注学校里获得的学历，还应该养成不断学习的习惯，将学习融入生活中，拓宽视野。

（2）树立正确的价值观，提升职业道德

要提高大学生的职业道德素养，必须关注他们的人生观和价值观的培养。在教学中，教师不仅仅要传授知识，更重要的是帮助学生树立正确的人生观和价值观。只有当他们形成正确的人生观和价值观，他们的职业道德素养才能得到提升。

高校应该重视培养学生的职业道德素养，使得爱国主义、社会责任感、就业创业观念、成才意识、理想追求及职业素养等方面的培养课程都成为必修课程的一部分。同时，应重视培养学生的诚信和感恩意识等品质。除了常规的历史、文学、艺术类教育内容外，高校还可以结合学校的特点，设置富有当代特色的中华优秀传统文化课程，组织多样化的校园活动，营造具有人文关怀的校园文化氛围，从而提升学生的职业道德素养。

2. 打造全员职业素质教育平台

培养职业素质是人才培养的关键，不能单靠某些课程或老师，需要营造全员共同参与的教育氛围，形成学校、家庭、社会共同育人的机制，打造涵盖课堂内外、师生互动、家校合作及校外社会实践的综合教育平台。在高校内部，校方需要全面调动教职员工的教学、管理、服务等方面的力量，利用中华优秀传统文化促进学生职业素养的培养。教师群体尤其要以身作则、身体力行。教师的使命是传授知识、引导学生，帮助他们解决问题，所以教师不仅要言传，更要身教。

一方面，教师要不断地提升自己的理论水平、道德修养和传统文化素养，将外在形象与内在素质结合，以丰富的知识、高超的教学技巧和崇高的师德感染和引导学生，用言行和人格魅力影响学生。

另一方面，教师要善于发掘传统优秀文化中的教育精华，积极地将与专业相关的传统文化元素融入教学中，以此达到丰富学生精神内涵，鼓舞学生奋发向上的目标。

3. 搭建全方位职业素质教育网络

（1）要抓好课堂教学的主渠道

高校可以通过各种必修和选修课程，包括"大学生职业发展""就业与创业"等，来传授学生优秀的传统文化，提升他们的职业素养。同时，还可以借助思政课、人文课、心理健康教育等辅助课程的力量，以及专业课程的影响，来提升学生的综合素质，发挥中华优秀传统文化对职业素质教育的促进作用。

（2）加强社会实践的拓展作用

一些学生在理论知识方面较为薄弱，缺乏学习动力和能力，但在实践能力和参与意愿方面表现相对较好，因此高校需要加强对他们的社会实践的指导和支持。校方可以设立传统文化俱乐部，策划多姿多彩的活动，充实学生的课余时光；充分利用当地资源，安排学生参观博物馆，促进学生成长，拓宽知识视野；也可以结合专业历史文化，激发学生自主探索的热情，帮助学生在中华优秀文化传承中培养自身的使命感和责任感。

（3）发挥校园文化的熏陶功能

将中华优秀传统文化有意识地融入校园文化可以丰富校园文化的内涵，营造积极的校园文化氛围。高校应该为学生提供接触中华优秀传统文化的机会，通过解读校训、给教学场所起有意义的名字、设计校园景观、培养宿舍文化、举办校园活动等方式，借助合适的教育时机开展宣传活动，打造注重传统文化的专业素质培养环境。同时，发挥当地特色传统文化的优势，加强校园文化建设，提升学院的文化内涵，营造和谐的文化氛围。

（4）充分利用好新媒体

随着新媒体的迅速普及和应用，当代大学生的生活和学习方式发生了根本性改变，同时也促进了高校思想政治教育的全面转型。新兴的数字媒体传播平台，如微博、微信及其他手机应用程序，在学生学习生活中扮演着日益重要的角色。高校需要主动应对新媒体时代的挑战，更新教育理念，创新教学思维，发掘资源，争取市场，激发学生积极性，同时充分利用新媒体平台，发挥中华传统文化对大学生职业素质提升的促进作用。

高校要善于利用新媒体开展教育工作，帮助学生解决他们在思维和实践方面的问题，为中华优秀传统文化教育注入职业素养培育的内涵。高校需要加强对网络，尤其是校园网络的管理，确保在网络教育领域占据主导地位。

第五节　优秀传统文化引领大学生素质教育实现路径

我们的生活无法脱离传统文化，因此学习、理解中华优秀传统文化具有积极作用和现实意义。

一、课程教育实践

中华优秀传统文化有自己特定的形态和绚丽多彩的特质，是高校精神文明建设和人文素养教育的重要组成部分。是高校精神文明建设和人文素养教育的重要组成部分，同时也对课程文化有着深远的影响。下面是对于课程文化实质、属性、特征的具体论述。

（一）课程文化的实质

在当今教育体系中，课程文化作为教育活动的核心组成部分，其实质不仅包括知识传授，更涉及价值观的塑造与文化的传承。课程文化，简而言之，是课程在实施过程中所形成的一种独特的精神氛围与价值取向，它深刻地影响着师生的教学行为与思维方式。

从教育哲学的视角审视，课程文化的实质在于实现个体社会化与个性化的和谐统一。它既要求课程内容能够反映社会主流文化与价值观念，为社会培养合格公民，又强调尊重学生的个性差异，促进其全面发展。这种平衡与融合，体现了课程文化在传承与创新之间的动态张力。

同时，课程文化的实质还体现在其对学生精神世界的滋养与塑造上。优秀的课程文化能够激发学生的求知欲与创造力，培养他们的批判性思维与人文关怀，使之成为具有独立思考能力与高尚品德的社会成员。这种文化熏陶，超越了单纯的知识传授，触及学生心灵的深处，引导他们形成积极向上的人生态度与价值观念。

此外，课程文化的实质也在于其开放性与包容性。随着全球化进程的加速，多元文化交融成为时代特征。课程文化应当积极吸纳各种优秀文化元素，为学生提供广阔的国际视野与文化比较的机会，培养其跨文化交流与理解的能力。

综上所述，课程文化的实质是一个多维度、多层次的概念，它既是教育目标的体现，也是教育过程的反映，更是教育成果的积淀。在构建现代课程体系的过程中，我们应深刻把握课程文化的实质，致力于打造一个既有利于知识传授又有利于人格塑造，既彰显本土特色又兼容并蓄的优质教育环境。

（二）课程文化的属性

第一，课程文化具有传承性。它不仅是历史文化的积淀与延续，更是人类文明智慧的结晶。通过课程的设置与内容的选取，学生得以跨越时空的界限，与先贤智者进行心灵的对话，汲取前人的智慧与经验。这种传承性，使得课程文化成为连接过去与未来的桥梁，为个体的成长提供了丰富的精神滋养。

第二，课程文化具有创新性。在传承的基础上，课程文化不断吸收新的思想、观念与技术，进行内容与形式的革新。这种创新性，既体现在课程内容的与时俱进上，也反映在教学方法与手段的多样化上。它激发学生的探索欲望与创新潜能，培养其独立思考与解决问题的能力。

第三，课程文化具有包容性。它尊重多元文化的差异与多样性，倡导开放、包容的学习氛围。在课程的设置与实施中，注重培养学生的跨文化交流能力，增进对不同文化的理解与尊重。这种包容性，有助于拓宽学生的国际视野，增强其跨文化适应能力。

第四，课程文化具有实践性。它强调理论与实践的结合，注重学生在实践中的学习与成长。通过课程项目、社会实践等方式，学生得以将所学知识应用于实际问题的解决中，从而深化对知识的理解与掌握。

（三）课程文化的特征

1. 社会性

课程文化具有社会性，社会文化中的意识形态、行为准则等因素影响着课程文化的产生和发展。

2. 民族性

不同国家有不同的文化，不同民族有不同的灵魂，这些构成了课程文化的民族特征。

3. 融合性

世界是一个整体，各民族、国家之间相互交流、相互学习，因此课程文化也需要在交流、融合中不断发展。

4. 人本性

人本性是课程文化的本质特征。人是课程文化的主体。

5. 系统性

课程文化是完整的、成系统的，具有系统性。

6. 个性化

每一门课程都具有独特性，因此个性化也是课程文化的特点之一。

7. 自觉性

课程文化离不开自觉的主体意识。

8. 实践性

课程文化是在长期的实践中总结出来的，是人们实践智慧的结晶。

9. 传承性

课程文化需要延续和发展，它不仅关乎知识的传承，还涉及价值观、文化传统及创新精神的传递。

10. 创新性

课程文化需要不断开拓创新，取长补短、与时俱进，适应时代的发展要求。

二、校园文化实践

校园文化是一种生存环境和校园精神，是社会文化中的亚文化，是先进文化的组成部分，高校可以通过校园文化实现思想政治教育。下面是关于校园文化的内涵、校园文化与素质教育的关系、校园文化的素质教育功能、校园文化加强素质教育时效性的建议和意见四方面内容的具体论述。

（一）校园文化的内涵

校园文化包括校园物质、精神财富，以社会文化为基础，依托学校、教师、学生，共同建设作风、学风、校风等内容。校园文化对一个学校的发展具有重要意义，为学校发展指明了方向，体现了学校的发展程度和水平。一般来说，校园文化有以下特征。

第一，主导性与多元性相结合。如何理解校园文化的主导性？校园文化在帮助学生树立正确的"三观"、培养合格的社会主义建设者和接班人方面是发挥主导作用的。如何理解校园文化的多元性？不同学校在长期发展中沉淀、积累的价值观念和文化特点是不同的。

第二，科学性与思想性相结合。校园文化的科学性是指在校园文化建设过程中，遵循教育规律和科学原则，确保校园文化的形成复合社会发展的要求。而当校园文化的影响提升到精神境界，人们就会把校园文化铭刻在心中，不知不觉地影响自己的思维。

第三，独立性与开放性相结合。校园文化与社会其他文化不同，它是一个独立的体系。同时，校园文化具有开放性，也会受到外界环境的影响。

（二）校园文化与素质教育的关系

高校素质教育的目标是培养学生形成崇高的理想信念、正确的政治方向、高尚的道德品质，建立正确的世界观、人生观、价值观，在今后的学习、生活、工作的道路上，更好地前进发展。

素质教育的载体是校园文化。社会的发展带来文化的多样性，为了给大学生的思想指明方向，高校应该把素质教育融入校园文化，将校园文化学习与思想政治学习相结合，让素质教育与校园文化相辅相成。

（三）校园文化的素质教育功能

1. 价值导向功能

校园文化反映了学校的办学理念、办学特色，是师生共同的价值观，体现了独特的价值指向。校园文化精神影响着学生学习、生活的方方面面，是一种价值导向。良好的校园文化可以帮助学生将思想与社会主流意识相统一，这是一种有力的价值导向，更具有实效性。

2. 意志激励功能

积极向上的校园文化可以激励人、鼓舞人，增强学生的自信心和自豪感，让他们更加主动地学习。丰富多彩的校园环境可以培养健康向上的校园文化。

3. 精神凝聚功能

具有相同价值观的人们容易聚在一起，互相交流和学习。校园精神可以凝聚、影响、引领学生，帮助师生实现共同目标。人们在互相关心、互相尊重、团结上进的环境中，会增强归属感和凝聚力。

4. 人格塑造功能

大学生的人格成长需要良好的校园文化。积极的校园文化能够帮助大学生培养健康的审美、良好的心态、较高的人格魅力。

5. 行为约束功能

校园文化是一种管理文化，具有行为约束作用，它指导人们共同遵守规则，纠正错误观念，养成正确习惯。

（四）校园文化加强素质教育实效性的建议和意见

1. 加强校园物质环境的文化建设

学校的教学设备、住宿设施等硬性条件被称为物质环境，对学生内在性格和品质的形成有很大的作用。校园物质环境的文化建设有利于学生成长成才，促进思想政治教育取得较好的成绩。

2. 突出校园精神文化建设

培养学生的自主意识、精神品位需要校园精神文化，高校可以以学校的历史为起点，积累精神文化底蕴，增强全校师生的凝聚力。校园精神文化建设在提高学生综合素质、推进教育改革的发展方面具有非常重要的意义。

3. 发挥校园课余文化活动的作用

丰富多彩的校园文化活动有利于培养学生稳定的心态和广泛的爱好。校园课余文化活动，如参观教育基地、举办竞赛比赛等，可以让大学生在实践活动中接触和应用更多的知识，在与老师、同学的互动过程中认同主流意识形态，还可以加深对优秀传统文化的理解。

4. 重视校园寝室文化的建设

大学生对寝室关系的认识和处理直接影响到他们的学习和生活质量，通过寝室同学，他们学会为人处世，懂得如何包容和共享。辅导员老师应该经常深入学生寝室，了解学生生活情况，和他们多谈心、多交流，倾听他们的心声，促进学生健康成长。建设良好的寝室文化能够营造互相帮助、共同进步的良好环境。

三、社会实践

（一）加强校内文化体系建设，拓宽大学生传统文化知识面

提升大学生的文化素质，首先需要解决课程体系建设问题。当前，不少课程设置目标不明确、结构松散、内容随意、呈现混乱的状态。

首先，在教学安排方面，中华优秀传统文化课程的教学目标应该明确，教学内容应该丰富，并结合本校特色，向学生推荐经典著作。课程结构以必修课为基础，以选修课为补充。

其次，要精心设计教育内容。中国古代文化典籍内容丰富，浩瀚如海，在选取时应根据学生成长和发展的具体需求，精选能与时代主题密切结合的内容，侧重培养学生的人格。

再次，完善中华优秀传统文化素质教育教材建设。在中华优秀传统文化课程相关教材的设计和编写方面，建议组织优秀的专家学者和有经验的优秀教师，多角度、多层次地进行，让教材的内容更加丰富、合理。

最后，要设计灵活多样的教育形式。教育不应该以说教为主，应该注重内容，摆脱形式束缚，让学生愿意学习、主动接纳、学以致用，达到完善人格的目的。在课程考核方面，需要创新考核方式，突出具体实践。

（二）加强社会实践教育，提升大学生的中华优秀传统文化素质

1. 大学生中华优秀传统文化素质教育的重要环节

大学阶段是一个人人格塑造、求知增智的黄金阶段，多彩的社会实践活动能够帮助大学生把理论知识应用到实际中来，也能帮助他们加深对中华传统传统文化的理解。

一方面，通过各种社会实践教育，大学生可以逐渐接受中华传统传统文化体现出来的伦理道德和价值导向，并将其内化为理想信念和道德信仰。另一方面，社会实践教育可以激发学生的主观能动性，有助于他们发挥创新能力、运用所学知识。

2. 大学生社会实践教育的主要形式

大学生社会实践教育包括校内社会实践教育和校外社会实践教育两种。校内社会实践教育包括主题教育、社团活动、专业实践等，校外社会实践教育包括生产劳动、志愿服务、社会调查等。

（1）校内社会实践教育

①专业实践教育在专业课程理论学习过程中或者学习完成之后，与课程相关。在实践过程中，大学生应该积极探寻事物本质，提高自身的实践和创新能力。

②文明修身主题教育主要通过校园橱窗、网络、广播等途径，组织开展一系列教育活动。

③文化艺术节为学生提供锻炼自己、展现自己的机会，演出和展览活动可以让大学生感受文化魅力，树立正确的三观。其中，大学生读书节近几年很流行，北大、清华、人大、北师大、北理工等高校先后开展了相关活动，人们对大学生读书节评价很高，高校可以借此弘扬经典，引导学生们享受阅读、养德励志。

④在大学里，一些兴趣爱好相同或相近的大学生自愿组成的一些非正式组织，叫作大学生社团。社团活动多样，既涉及文学、音乐、美术、艺术等方面，又涉及学术问题、社会问题等方面。北京大学的服饰文化交流协会、济南大学的陶艺

协会等都是以中华优秀传统文化为主题的成功社团。

⑤大学生还可以通过撰写实践报告、进行实践项目设计、模拟企业运行、参加企业活动等方式开展一系列创新创业实践活动。

（2）校外社会实践教育

①志愿服务主要包括大型志愿者服务活动、青年志愿者社区发展计划、公益宣传志愿者服务和文化、科技、卫生"三下乡"志愿者服务。大学生需要积极参加志愿服务活动，运用所学知识服务人民，多接触社会，为社会服务，弘扬传统美德，为社会的进步和发展作出应有的贡献。

②在生产实习中，大学生可以更好地了解企业，通过协助生产、管理等将所学专业知识应用在社会实践中。大学生在生产实习过程中，要努力做好本职工作，提高技能水平，处理好人际关系。

③校外勤工助学可以帮助学生获得一些收入，补贴日常生活，增强自立意识。

大学生运用所学知识，在社会实践中尝试解决问题，有利于他们更好地了解社会、锻炼能力。在调查研究中，学生需要认真收集资料，结合理论知识解决现实问题，不断提高自身的实践能力和研究能力。

3. 弘扬中华民族优秀传统节日文化

中华优秀传统文化寄托着人们对美好生活的向往，蕴含着社会的道德判断和价值取向，承载着民族的思想精华，是民族团结、社会和谐的精神力量。当今时代，各种思想文化相互激荡，一些不良风气对大学生影响较大。传统节日是民族情感、文化的集中展现，是一个国家或民族历史文化的结晶。我国传统节日历史悠久、形式多种多样，形成了中华民族特有的传统节日文化。利用民族传统节日文化对大学生进行教育，可以丰富教育内容，创新教育载体，扩宽教育途径，增强学生的文化自信，提升大学生的综合素质。

首先，加强传统节日文化知识学习，深刻理解传统节日文化内涵。中国传统节日文化发源于农业社会，有浓厚的农业色彩，底蕴丰富。作为传统节日文化的传承者，大学生应该认真学习相关知识，深刻领会其中的价值取向、精神追求和道德理想，坚定自信，树立远大理想。

其次，正确认识传统节日文化，推动传统节日文化创新发展。依据文化结构理论来看，传统节日文化有表层、中层、深层三个层面。表层文化涵盖服饰、器皿、装饰物、食品、对联等物质形式。中层文化包括礼仪习俗、行为规范和禁忌等。深层文化属于传统节日文化的核心。

今天，很多中国人只懂得吃什么、穿什么、用什么，传承传统节日文化也只是简单地模仿和复原，不理解其内在的精神。这些认识都是肤浅的。大学生肩负传承和弘扬中华优秀传统文化的历史使命，他们需要深刻领悟中华优秀传统文化的内涵和价值，通过创新展现出创造力，彰显优秀的道德情怀。

再次，利用传统节日，提高大学生的中华优秀传统文化素质。传统节日有助于展现中华优秀传统文化、弘扬和培育民族精神、联结民族情感、增强民族认同感。节日文化中有很多关于热爱祖国、民族、家乡的内容，具有弘扬爱国主义精神的功能。

最后，正确认识西方文化，理性对待"洋节"。随着我国改革开放的深入发展，中西方文化的频繁交流给传统文化带来很大冲击，对我国的传统节日文化、人们的生活方式也产生深远影响。同时，我国部分优秀传统节日文化尚未被很好保护，人们对传统节日缺乏兴趣，西方节日却得到了很多年轻人的青睐。

大学生学习西方历史与文化可以增长知识、开阔视野，但在学习和交流中，应主动吸收积极的因素，不能全盘照搬。

中国传统节日凝结着深厚的民族情感，承载着民族思想的精华，需要薪火相传，不断发展。大学生应该坚持主体意识，结合中国实际，创新形式，丰富内涵，大力弘扬传统节日文化。

四、网络媒体实践

互联网为当今社会提供了一个崭新的天地，充分认识网络文化的社会影响力，积极合理利用好网络，有利于社会的和谐稳定，以及人们思想教育水平的提升。

（一）网络文化的概述

互联网的出现对人们的学习、工作、生产、生活等产生了非常大的影响，网络文化影响着社会的方方面面。

1.网络文化的含义

网络文化是人们在社会实践过程中以网络技术为基础，形成的文化活动、文化产品、文化观念的集合。网络文化能够影响人们的思维方式、生活方式、工作方式和学习方式。网络文化分为三个层次：计算机、设备、信息技术等是网络文化的第一个层次，网络情感、意识、素养等属于第二个层次，网络道德、规范等属于第三个层次。

2.网络文化的特征

（1）虚拟性

网络文化不存在于现实生活中，只存在于网络生活中。但它的虚拟性在一定程度上也具有客观现实意义。

（2）自由性

在网络平台，人们不用考虑学历、收入、社会地位等因素，可以随时进行沟通，这个空间是相对自由的。但是这种自由应在法律和道德允许的范围内。

（3）动态性

网络信息的传递和更新很快，人们可以随时随地看到最新的国内外新闻，信息几乎可以瞬间到达世界各个角落，因此网络文化具有鲜明的动态性。

（4）开放性

互联网是开放的，任何人都可以上网，都可以发表自己的言论，这种开放性方便人们的沟通和交流，但同时，开放的网络文化也需要一定的监督和引导。

（二）网络文化背景下的素质教育

网络是一把"双刃剑"，在为人们提供沟通便利的同时，也潜移默化地带来一些负面影响，挑战着人们的价值观和道德底线。因此，网络文化教育的开展势在必行。

1.网络文化给素质教育创造了新契机

（1）网络文化促使素质教育内容和手段呈现多样化发展趋势

高校教师可以通过网络来获得资源，学习一些素质教育的相关知识，提升自己，丰富素质教育的方式方法。

（2）网络文化促使素质教育传统模式发生新转变

网络可以提供丰富的资源和教学方法，调动学生的积极性。高校教师需要充分利用网络的特点，改变传统教育模式，提高教育成效。

（3）网络文化使素质教育突破了时空局限

网络打破了原有教育在时间、空间上的局限，让教育场所更加立体、多样，在原有素质教育的基础上，教师和学生可以拓宽眼界，利用网络提升教育效果。

（4）网络文化促进素质教育主客体素质提升

网络文化拓宽了人们的思维，增添了很多素质教育主体和客体可以利用的学习内容，锻炼了人们在获得信息、处理信息方面的能力。素质教育工作者遵规守纪，培养网络道德，这些都有利于他们素质的提升。

2. 网络文化为素质教育带来了新挑战

（1）网络文化内容的多元性干扰着社会主义核心价值体系指导作用的发挥

多元的网络文化对核心价值体系的主导地位有一定冲击，人们面对复杂、多元的网络信息，常常感到迷茫和困惑，不知道到底哪些是正确的。对此，我们需要有意识地抵制网络文化的负面影响。

（2）网络文化的发展导致人际关系淡化，人们的交往能力下降

网络的出现极大地缩短了人与人之间的时空距离，让人们在任何时间和地点都可以沟通和交流。但是，人们在交流过程中面对的是机器，而不是人，通过网络进行交流与面对面交流的差别很大。长此以往，人们的实际交往能力容易下降，不懂得如何在现实生活中与人沟通，进而影响到社会进步和人类的心理健康。

（3）网络文化的发展导致人们道德观念淡薄、道德水平下降

当前，国家针对网络行为的约束和规定不够完善，相关的法律还不够规范，人们在网上的道德感相对较低，虽然存在一部分高素质的人，但是网络中的腐朽信息必然会给人们带来负面影响。

（4）网络文化的发展导致人们价值观的冲突

随着互联网的发展、不同文化的碰撞与交融，不同观点的竞争与对抗更加明显，人们容易被新鲜事物吸引，不同的观点和表达容易让人迷惑，新问题层出不穷，这些不稳定性也使舆论变得让人捉摸不透。人们如果不能理性思考，那么面对多元价值观就会出现迷茫，产生价值观的冲突。

3. 加强网络文化中的素质教育机制建设

如何充分发挥网络文化的正面作用是素质教育机制建设需要解决的问题。高

校教育管理工作者必须与时俱进，在新时代背景下作出新决策。

第一，加强马克思主义理论教育，发挥社会主义核心价值体系在素质教育机制建设中的导向作用。社会主义核心价值体系可以为网络文化指明方向，构建素质教育机制需要发挥核心价值观的作用，让它渗透到网络文化里，打造优秀的教育平台，提升网络文化的质量。

第二，坚持以人为本，积极构建网络素质教育与心理健康教育相结合的教育模式。网络为心理健康教育和素质教育提供了更加广阔的空间，可以帮助高校及时掌握学生的思想情况，将两种教育融合在一起，从而可以提升学生的能力，帮助学生建立稳定、和谐的人际关系。

第三，加强网络道德教育和网络管理的法治化建设，引导大学生形成健康的网络道德观念，树立正确的人生观、世界观和价值观。要降低网络文化给思政教育带来的负面影响，就需要提高学生道德素质，提升其道德水平。正确引导大学生接受思想教育、网络道德教育可以帮助他们树立正确的"三观"，在深刻理解网络优缺点的基础上客观地看待它。大学生只有健全了法律、道德观念和意识，才能遵规守纪，自觉抵制消极因素的影响。

第四，建设一支精通网络文化的专业网络素质教育队伍。教育是一种特殊的交往活动，教育中的教育者和受教育者之间是平等的，教育者只有不断提高网络文化水平，才能与受教育者平等对话。因此，培养一支懂网络、懂教育的队伍非常重要。

第四章 优秀传统文化与高校德育教育

本章主要介绍了优秀传统文化与高校德育教育的相关内容，共分为五节，分别为优秀传统文化与德育教育融合的意义、中国传统文化中的德育教育资源、中国传统人性论与现代德育指导思想的构建、优秀传统文化与高校德育教育融合的原则与路径、基于优秀传统文化构建高校德育管理与评价体系。

第一节 优秀传统文化与德育教育融合的意义

德育教育是旨在培养学生人格的教育实践。教育培养人才的过程必然受到所处文化环境的影响。我国的道德教育也依赖于经过漫长历史的发展和积淀形成的优秀传统文化。

一、有助于提高学生的思想道德素质和文化素养

弘扬高尚道德一直是中华优秀传统文化的核心价值观，尊崇道德、重视道德、注重道德教育是中国优秀传统文化积淀千年来的特色，这是我们一直铭记在心的。礼、乐、射、御、书、数六艺在先秦时期就有了，这反映出了中国古代教育丰富的教学科目。但是，中国古代教育的最终目标并不是对这些纯知识或者技能的教育，而是试图通过这种教育方式，来达到培养人们品德和才能，使他们不断接近并最终成为具备高贵品质的人的目的。这种教育目标从中国古代社会一直流传至今，中间没有间断过。由此可见，中华优秀传统文化非常崇尚道德，注重个人品德的培养。

中华人民共和国成立后，逐渐开展德育教育。在这一发展过程中，我国的德

育教育模式偏重理论灌输，缺乏多样性和趣味性，这就导致人们不能正确、科学地认识相关科学理论，树立科学的人生观与价值观也变得更加困难。

此外，人们的平等观念和经济意识在市场经济时代的影响下得到了进一步强化，人们的自主意识和竞争观念也进一步得到提升。这导致了拜金主义的盛行，人们将拥有金钱的多少作为价值评判的标准，出现了过分强调个人财富的倾向。在全球化时代，经济飞速发展，信息传播迅速，多元文化的交流日益频繁，各种不同的价值观念对人们的思想产生了巨大的影响，特别是对青少年的价值观的形成更是产生了潜移默化的影响，其中就有功利主义、享乐主义、拜金主义和个人主义等。正是由于这些各种因素共同作用，使一些青少年在树立人生观与价值取向时失去了正确的方向。

所以，将中华优秀传统文化中的优秀德育思想和德育教育不断融合，一方面有利于传承发展中华优秀传统文化，另一方面也可以帮助我国解决目前德育教育中出现的问题，逐渐消除功利主义、享乐主义、拜金主义、个人主义等各种不良的价值观带来的消极影响，还可以提高人们的思想道德素质和人文文化素养，帮助他们树立正确的人生观与价值观。

二、有助于增强民族凝聚力和培养爱国主义精神

促进民族团结和共同价值观念形成的方式之一就是文化的交流与融合，这说明文化是具有民族性的。中华优秀传统文化是中华民族在历史长河中孕育出的精神财富，是所有中华儿女的精神支柱。因为拥有相同的文化心理，每个中华儿女无论在什么时间，身处什么地方，都自然而然地会对中华优秀传统文化产生亲切感和认同感。

中华民族生生不息、自立于世界民族之林的强大精神动力就是爱国主义，这也是中华民族一直以来的优良传统。每一个公民的基本要求就是必须继承和弘扬爱国主义。

因此，在当前我国的道德教育中强调传承中华优秀传统文化显得相当关键。深度挖掘其德育教育潜力，能够弘扬中华优秀传统文化中蕴含的民族精神，有助于加强人们对民族文化的认同感，提升人们的民族自豪感和信心，增进民族团结，也有助于继承和发扬爱国主义优良传统，培养爱国主义情怀。

三、有助于挖掘更加丰富的德育教育资源

尊崇道德，推崇道德教育，并重视道德内化、自我反省和实践的道德教化方法，在中华优秀传统文化中一直占有重要地位。中华优秀传统文化具有深厚的人文精神，历史悠久，为我国现代的道德教育提供了丰富的教育素材。

首先，中华优秀传统文化主张追求高尚品德，将提高个人道德修养作为教育的核心目标，强调培养个人的道德品质和社会责任感，鼓励人们向卓越的道德楷模学习，不断提升个人的道德修养和道德水平，逐步实现"止于至善"的道德理想。

其次，中华优秀传统文化注重对整体素质的培养，注重追求人与自然界的和谐统一，提倡自力更生的民族品质和国家意识，倡导和谐共存的社会和人际关系，倡导开放包容的创新精神，强调诚实正直的道德品质，追求内心高尚和外在威严的理想个性与人生方向。

再次，中华优秀传统文化重视通过言语和行为示范来传递价值观念。强调教育应该遵守正确的榜样、个性化教学和逐步推进等基本原则进行教学。

最后，中华优秀传统文化采用实践与理论相结合的道德教育方式。强调结合学习和思考、审视个人、实践所学、追求自主和纪律，从而进行基本的德育教育。

中华优秀传统文化中蕴含着丰富的德育教育资源，重新审视其价值并挖掘与德育相契合的教育资源是必须进行的实践。中华优秀传统文化与德育教育的相互融合，可以帮助我们更主动地去探索其中的丰富教育资源。

四、有助于拓宽德育教育的研究视野

20 世纪 80 年代初以来，在我国创设的德育教育学科一直受政治因素影响，成为我国独具特色的一门实用性学科。不可否认，德育教育在我国社会主义事业中发挥了重要的政治作用。然而，通过对其概念进行深入探讨，我们可以了解到，不仅我国存在德育教育，其他各个国家实际上也开展了类似的教育活动，只是采用了不同的称谓，如公民教育、国民精神教育、伦理教育、文化教育等。然而，在我国，长期以来，德育教育因为过分突出政治色彩，受到了范围的限制。这使得德育教育的研究范围变得狭隘，学界也曾经处于停滞僵化的状态。随着中国社

会的持续开放和迅速发展，德育教育也需要不断拓展研究领域，以适应时代发展的要求。

将中华优秀传统文化中蕴含的丰富德育教育资源融入德育教育，进行持续挖掘和利用，有助于拓展德育教育研究领域，推动人们以不同视角审视和探讨德育教育，从而摆脱传统的单一和枯燥的灌输方式，使德育教育更好地适应时代和社会发展的需求。

五、有助于拓展德育教育的创新途径

德育教育是多个学科如哲学、教育学、心理学、伦理学、政治学、逻辑学、美学等交叉融合的教育。为了推动德育教育的创新发展，我们必须进一步加强与其他学科的交叉融合研究。作为涉及多方面且强调实践的应用型教育，德育教育的核心使命在于解决人们的思维问题。

在我国，道德教育经过多年的发展壮大，取得了显著的成就，为中国特色社会主义事业作出了重要贡献。然而，随着社会的不断变迁，全球经济一体化和信息传播速度的迅速发展，多元文化不断挑战着人们的思维方式，改变着他们的观念、认知和价值取向。这种变革使得人们不再像过去那样受限于传统的道德灌输和刻板的说教，而更加注重个体的自主发展。这些变化增加了德育教育工作的复杂性，对从事德育教育的人员和德育教育的进步提出了全新的要求。由于对道德教育的推崇，以及对教育内容的丰富性和教育方法的合理性的重视，中华优秀传统文化再次引起德育教育工作者的关注。中华优秀传统文化与品德教育相互交融，开拓了德育教育研究的新视野，也成为德育教育创新的重要途径。

第二节　中华优秀传统文化中的德育教育资源

德育教育的前进与创新需要继承和弘扬中华优秀传统文化、传统美德及优秀革命传统。通过借鉴中华优秀传统文化进行的道德教育，更容易为大众所认同，并且可以取得显著的教育成果。

一、崇德尚仁

（一）崇尚道德——中华优秀传统文化的核心价值取向

中国古代德育思想的纲领性著作《大学》，开篇即阐明其德育目标，曰："大学之道，在明明德，在亲民，在止于至善。"①《大学》提出的这三条德育目标是有机结合、紧密联系、不可分割的整体。"在明明德"是立志的要求，"在亲民"是实践行为的要求，"在止于至善"是对于实践结果的要求。总体来说，便是动机与效果、自我修养与教育人民、内圣与外王的有机统一。这三条德育目标是我国传统思想道德教育的总目标、总纲领。

崇尚道德、注重道德教育，是中华优秀传统文化的重要特色。中华优秀传统文化将德育置于教育的首位，促使人们自觉向善，不断提升自身的道德修养，成为道德素质很高的人。

可以说，这种德育至上的教育传统，已成为一种特殊的民族思维方式和思想情感，积淀为一种独特的民族心理和民族精神，其所产生的巨大力量，不论在古代，还是在现代，都具有十分重要的作用，同时，也对当前的德育教育具有重要的启示意义。

（二）仁——中华民族传统道德思想的核心内容

"仁"是儒家创始人孔子的核心思想，也是中华民族传统道德精神的象征。

"仁"不仅在我国各个历史时期的各种道德教育中是最基本的也是最高的目标，而且在世俗的道德生活中也是最普遍的德行标准。

1. "仁"的基本含义

孔子对"仁"有诸多论述。但是其最基本的含义是"爱人"。虽然这里的"人"，是指包括至亲、朋友及他人在内的所有人，不过，孔子认为，"爱人"首先是要爱自己的亲人。在先秦社会宗法血亲礼制结构相对完善的历史背景下，孔子确立了"血亲情理"的基本精神，认为血缘亲情是人的整体性的唯一本原。因此，他强调："孝悌也者，其为仁之本与。"②这也就是说，"孝悌"是"仁"的根本，强调了血缘亲情的至上地位。

---

① 曾子. 大学 [M]. 北京：北京时代华文书局，2014.

② 孔丘. 论语 [M]. 西安：陕西旅游出版社，2003.

孟子继承了孔子"仁"的思想，明确主张："事亲为大。""孝子之至，莫大乎尊亲。"① 这是说，侍奉亲人之事为最大，最大的孝顺，莫过于尊敬自己的父母亲长。孟子曰："仁之实，事亲是也。"② 即是说，"仁"的实质就是侍奉亲人。曰："亲亲，仁也。"③ 意即，亲近亲人，爱护亲人，这就是"仁"。曰："尧舜之仁不遍爱人，急亲贤也。"④ 意即，即便尧舜这样的圣人，他们也不可能同时爱护天下所有的人，他们最先爱的也是至亲与有德之贤人。曰："父子之间不责善。"⑤ 父子之间要互相爱护，以不互相责备对方为善。综上所述，儒家将"事亲""尊亲""亲亲"等，作为"仁"首要的内容。

2.孔子的"仁道主义"精神

关于"道"，孔子也有很多论述。例如，"君子谋道不谋食。……忧道不忧贫。"⑥ 意即，君子在"谋道"与"谋食"两者之间，更看重"谋道"，在获得"道"与摆脱"贫"之间，更担心不能获得"道"。又如，"朝闻道，夕死可矣。"意即，早上获得了"道"，晚上死了也值得。所谓"道"，即道德、道义。又因为"仁"是孔子的核心思想，因此，"仁"也是孔子的"道"的核心内容，孔子所言之"道"，首先就是"仁道"。"仁道"就是把"仁"的思想道德化、规范化，并将其作为整个社会的行为规范。换言之，"仁道"就是将"爱人"的思想社会化。所谓仁者，就是自己站立起来，也要帮助别人站立起来，自己过得好，也要帮助别人过得好。"仁道"能够推己及人，是仁义之法。

由此可见，孔子已经将血亲关系之"仁"推及他人，推及整个社会，将其社会化了，也就是说，孔子将"爱亲""事亲""亲亲"之"仁"扩展为"博施于民而能济众"之"仁"。换言之，关爱他人与关爱社会之"仁道"也是"仁"的重要内容。到此，孔子"仁"的精神已经突破了最初的血亲关系，而变为普遍的"仁道"主义精神。

以孔子为代表的儒家的这种"仁道"主义精神，是整个中华民族共同的文化

① 孟子. 孟子 [M]. 哈尔滨：北方文艺出版社，2019.
② 孟子. 孟子 [M]. 哈尔滨：北方文艺出版社，2019.
③ 孟子. 孟子 [M]. 哈尔滨：北方文艺出版社，2019.
④ 孟子. 孟子 [M]. 哈尔滨：北方文艺出版社，2019.
⑤ 孟子. 孟子 [M]. 哈尔滨：北方文艺出版社，2019.
⑥ 孔丘. 论语 [M]. 西安：陕西旅游出版社，2003.

精神资源，是中华民族在整个人类社会思想文化精神宝库中占重要位置的思想体系，至今仍对中华民族的思想文化及行为模式有着重大影响。

3. 孟子"仁"的思想

（1）孟子的"仁义内在"说

孟子将"恻隐之心"视作"仁"之端，也即"仁"产生的基础。

首先，孟子从性善论的角度出发，认为"恻隐之心"是人与生俱来的，二者都是对他人在特殊境遇下的不幸而产生的同情、哀痛之情。譬如，一个人看到一个小孩掉入井里，就会自然而然地产生"恻隐之心"，这种"恻隐之心"没有任何功利目的，完全是人之情感的真实流露。孟子曰："恻隐之心，人皆有之；羞恶之心，人皆有之；恭敬之心，人皆有之；是非之心，人皆有之。……仁义礼智，非由外铄我也，我固有之也。"[①] 这是说，恻隐之心、羞恶之心、恭敬之心、是非之心等，与仁义礼智等美德一样，都不是由外物虚饰而成的，而是人本身所固有的。又曰："君子所性，仁义礼智根于心。"[②] 也就是说，君子所得之天性，仁义礼智都深深植根于他的内心。又曰："有天爵者，有人爵者。仁义忠信，乐善不倦，此天爵也；公卿大夫，此人爵也。古之人修其天爵，而人爵从之。今之人修其天爵，以要人爵，既得人爵，而弃其天爵，则惑之甚者也，终亦必亡而已矣。"[③] 这是在说，有天然的爵位，有人为的爵位。仁义忠信，好善乐施而不知疲倦，为天然的爵位；公卿大夫等官职，是人为的爵位。古代的人注重修养内在的精神品质自然会获得相应的社会地位和职务；而现在的人则往往为了获得社会地位和职务而去修养内在的精神品质，一旦获得外在的地位和职务就容易放弃内在的修养，这是糊涂的做法，到头来会失去一切。

其次，孟子认为将"恻隐之心"扩充，即是"仁"。孟子曰："恻隐之心，仁之端也；羞恶之心，义之端也；辞让之心，礼之端也；是非之心，智之端也。人之有四端也，犹其有四体也。"[④] 意即，恻隐同情之心是仁的开端，羞耻之心是义的开端，礼让之心是礼的开端，是非之心是智的开端。一个人有了这四个开端，

① 孟子. 孟子 [M]. 哈尔滨：北方文艺出版社，2019.

② 孟子. 孟子 [M]. 哈尔滨：北方文艺出版社，2019.

③ 孟子. 孟子 [M]. 哈尔滨：北方文艺出版社，2019.

④ 孟子. 孟子 [M]. 哈尔滨：北方文艺出版社，2019.

就如同他的身体有了四肢。也就是说，恻隐之心是"仁"的基础，"仁"是恻隐之心发展的结果。孟子又曰："人皆有所不忍，达之于其所忍，仁也。"①也就是说，每个人都有其不忍心做的事情，只要他能将它扩充到自己所忍心的事上，便是"仁"。可见，将不忍之心变成不忍之行，就是"仁"了。

最后，孟子认为"恻隐之心"是人之为人的基本标准。曰："无恻隐之心，非人也；无羞恶之心，非人也；无辞让之心，非人也；无是非之心，非人也。"②任何人，如果他没有了恻隐之心、羞耻之心、礼让之心、是非之心，就都不能称之为人。孟子认为，人之为人的标准就是有道德。可见，孟子将恻隐之心视为道德的主要内容之一，是人之为人的基本要求。

（2）孟子的"仁政"思想

孟子在恻隐之心的基础上，进一步提出了"仁政"的思想，曰："人皆有不忍人之心。先王有不忍人之心，斯有不忍人之政矣。以不忍人之心，行不忍人之政，治天下可运之掌上。"③意即，每个人都有一颗不忍看到别人蒙受灾难与痛苦的心，古代帝王由于有了怜悯别人的心，才有了怜悯天下百姓的仁政。用这种怜悯别人的好心，去施行怜悯别人的仁政，治理天下就可以像把一件小东西放在手掌上把玩那么容易了。因此，孟子认为，君王只有爱其子民，才能得到百姓的拥护，才能坐稳江山。故而，孟子又曰："君子之于物也，爱之而弗仁；于民也，仁之而弗亲。亲亲而仁民，仁民而爱物。"④意思是说，君子对于万物都爱惜但谈不上仁爱；对于百姓施与他们仁爱但谈不上亲爱。君子亲爱自己的亲人，并推己及人而仁爱百姓，仁爱百姓而推及万物，爱惜万物。也就是说，君子通过"不忍人之心"从亲爱自己的亲人出发，推向仁爱百姓，再推向爱惜万物，这就形成了孟子有差别的"爱的系列"，这也正是孟子"仁政"思想的理论基础。

孟子"仁政"的核心是重民。他认为："得天下有道：得其民，斯得天下矣；得其民有道：得其心，斯得民矣；得其心有道：所欲与之聚之，所恶勿施尔也。"⑤孟子在历代王朝兴废存亡的经验和教训中，看到了人民的力量，认为得民心者得

———————

① 孟子. 孟子 [M]. 哈尔滨：北方文艺出版社，2019.

② 孟子. 孟子 [M]. 哈尔滨：北方文艺出版社，2019.

③ 孟子. 孟子 [M]. 哈尔滨：北方文艺出版社，2019.

④ 孟子. 孟子 [M]. 哈尔滨：北方文艺出版社，2019.

⑤ 孟子. 孟子 [M]. 哈尔滨：北方文艺出版社，2019.

天下。因此，孟子将人民放到很高的位置，并强调君王要以民为贵，要对百姓施以"仁政"，并提出"民为贵，社稷次之，君为轻"①的朴素的民本主义观点。此外，孟子还反对用严刑峻法治理国家，提倡君主"省刑罚"，教育百姓去遵循孝悌忠信等道德原则，曰："谨庠序之教，申之以孝悌之义，颁白者不负戴于道路矣。"②

4."仁"——"与天地参"之必然之途径

儒家思想的核心是"仁"。孟子认为，实现了"仁"，就能处理好人与人之间的关系，认识和掌握宇宙的客观规律，从而实现人与自然的和谐。故孟子曰："仁人无敌于天下，以至仁伐至不仁，而何其血之流杵也。"③意思就是说，一个拥有仁德的人在天下是没有对手的，以周武王那样最仁爱的贤君去讨伐商纣那样最不仁爱的暴君，又怎么会发生血流成河连大木棒都漂走的事呢？孟子又说，"尽其心者，知其性也；知其性，则知天矣。"④意即，一个能竭尽其善心的至仁者，能真正了解人禀受自天的善性；懂得了天的善性，也就懂得了天命，也就能够把握自然规律，掌握人类自己的命运。所以，无论受到怎样的待遇，我们都应该保持仁爱的品德，这样才能达到"知天"之"至仁"的道德境界。

（三）追求圣贤人格——中国传统道德教育的目标

对圣贤人格的追求，是中华优秀传统文化的重要内容，也是中国传统道德教育的目标。按照中国传统文化的相关划分原则，我们可以将古人对圣贤人格的追求划分为三个层次。

第一，中华优秀传统文化中圣贤人格的第一个层次为圣人，也是中华优秀传统文化中理想人格的最高境界和中国传统道德教育的最高目标。

按照孔子的理解，圣人是品德最高尚、智慧最高超的人。他将诸如尧、舜、禹、汤、文（周文王）、武（周武王）、周公等中国远古社会中的最高统治者归为此类。认为他们的道德品行是人格典范。如孔子赞美尧说："大哉，尧之为君也！巍巍乎！唯天为大，唯尧则之。荡荡乎！民无能名焉。巍巍乎！其有成功也。焕

① 孟子. 孟子 [M]. 哈尔滨：北方文艺出版社，2019.
② 孟子. 孟子 [M]. 哈尔滨：北方文艺出版社，2019.
③ 孟子. 孟子 [M]. 哈尔滨：北方文艺出版社，2019.
④ 孟子. 孟子 [M]. 哈尔滨：北方文艺出版社，2019.

乎！其有文章。"① 不过，孔子在肯定古代先王圣人品格的同时，又否认了圣人在现实社会中存在的可能性。他说："圣人，吾不得而见之矣。"② 由此可见，孔子的圣人人格标准之高。

与孔子的圣人在现实社会中不存在的看法相反，孟子认为："人皆可以为尧舜。"③ 孟子从性善论的角度出发，认为人有仁、义、礼、智四善端，每个人只要通过努力，充分发挥自己的善性，都可以达到圣人的理想境界。他说："可欲之谓善，有诸己之谓信，充实之谓美，充实而有光辉之谓大，大而化之之谓圣，圣而不可知之之谓神。"④ 这里的"大而化之之谓圣"意即能将光明美好德行发扬光大并使天下人感化的就叫作圣人。

儒家学派的另一位代表人物——荀子也认为，圣人乃道的极致与圆满，学习就是为了成就极致圆满的圣人人格。他认为，通过教育，人人都可以成为圣人。因此又说："涂之人可以为禹。"⑤ 上述这些观点都体现了圣人作为中国古代社会理想人格之最高境界的标准之高，以及中华优秀传统文化对道德教育的推崇。

其次，中华优秀传统文化中圣贤人格的第二个层次为君子，这是中华优秀传统文化中，理想人格的核心要求，以及中国传统道德教育的主要目标。

君子之道，首在于德。君子的心胸应如明镜般清澈宽广，不为私欲所累；君子行事以道义为先，超越物质利益的诱惑。君子应以身作则，引领社会风气，成为道德建设的楷模。

君子之行，贵在于礼。礼，作为中国古代社会的基本行为规范，是君子修身齐家治国平天下的重要基石。君子遵循礼制，不仅在外在行为上表现得体、举止优雅，更在内心深处怀有对天地万物的敬畏之心，以及对社会秩序的尊重与维护。通过践行礼仪，君子实现了个人与社会、自然之间的和谐共生，展现了中华文明独有的礼仪之邦风采。

君子之才，重在博学。在古代，君子不仅是道德的典范，也是学问的精英。他们勤于学习，广纳百家之言，以"学而不厌，诲人不倦"的精神，不断追求知

---

① 孔丘. 论语 [M]. 哈尔滨：北方文艺出版社，2019：107.
② 孔丘. 论语 [M]. 哈尔滨：北方文艺出版社，2019：93.
③ 孟轲. 孟子 [M]. 北京：华语教学出版社，1998：381.
④ 孟轲. 孟子 [M]. 西安：三秦出版社，2018：146.
⑤ 荀况. 荀子 [M]. 北京：北京汇聚文源文化发展有限公司，2015:319.

识的广博与精深。君子的学识，不仅限于书本知识，更包括了对人生哲理、宇宙奥秘的深刻洞察，以及对社会现象的独到见解。这种博学多才，使君子在治国理政、文化传承等方面发挥了不可替代的作用。

君子之志，存乎高远。他们不仅关注个人修养的提升，更胸怀天下，以国家兴亡、民族振兴为己任。无论是"先天下之忧而忧，后天下之乐而乐"的范仲淹，还是"位卑未敢忘忧国"的陆游，都是君子之志的生动写照。他们以实际行动诠释了"修身、齐家、治国、平天下"的人生理想，展现了君子超越个人利益的伟大情怀。

再次，中华优秀传统文化中圣贤人格的第三个层次为"士"或"成人"，这是中华优秀传统文化中的理想人格，以及中国传统道德教育的最基本的标准。

"士"的本义为具有"万夫不当"之勇的武士和能够"运筹帷幄，决胜千里"的文士。无论成人还是士，基本的礼仪规范与远大的志向都是其必备条件。"凡人之所以为人者，礼义也。礼义之始，在于正容体、齐颜色，顺辞令。容体正、颜色齐、辞令顺，而后礼义备。以正君臣，亲父子，和长幼。君臣正，父子亲，长幼和，而后礼义立。"[①]可见，中华优秀传统文化中，成"士""成人"的首要标准是明晰"礼"的秩序。

孔子曰："三军可夺帅也，匹夫不可夺志也。"[②]中国传统文化对于"士"或"成人"有着理想和追求，着重培养人基本的社会责任感，引导人们向圣人、君子的理想人格看齐，从而不断提升自己的道德水平和人生境界。

总之，这三种层次的理想人格，都是对人们道德品质的要求，不论其能否完全实现，都鼓舞了无数中华民族的优秀儿女，成就了无数令人钦佩的仁人志士。这种对理想人格的追求，对我国当前的德育教育仍然有重要的意义。

二、天人合一

在中国传统文化中，人与自然的关系被称为"天人关系"。"天人合一"则是古人所追求的自然观，它强调人与自然的协调发展，即人不应该违背自然规律去改造自然、征服自然和破坏自然，而应该在了解自然的基础上，顺应自然规律，

---

① 戴圣. 礼记 [M]. 西安：西安交通大学出版社，2022.

② 孔丘. 论语 [M]. 西安：陕西旅游出版社，2003.

合理开发、利用和保护自然，促进自然万物生长发展，从而达到人与自然相通相合的境界。

（一）道家思想中的"天人合一"观

道家是我国传统文化的三大主要思想流派之一，它起源于春秋末期的老子，以老子和庄子为代表。道家崇尚自然，提倡与自然和谐相处的天人观念，"天人合一"思想正是道家思想的精华之一，在《老子》与《庄子》中，均有多处体现。

1.《老子》中的"天人合一"思想

《老子》，又名《道德经》，由战国时期道家学派整理而成，记录了春秋末期思想家老子的学说，是中国古代道家学派的重要代表性著作。全文分上、下两篇，原文上篇《德经》、下篇《道经》，不分章，后改为《道经》在前，《德经》在后，并分为八十一章。《道德经》是中国历史上首部完整的哲学著作。

老子认为，"道"是万物的本原："道生一，一生二，二生三，三生万物，万物负阴而抱阳，冲气以为和。"[①] 意即，道整体唯一，浑然天成，派生天地，天地派生万物，天地中含有阴、阳二气，阴、阳二气相交而又互相冲击形成一个统一和谐的整体。

那么，"道"究竟是什么呢？

老子曰："有物混成，先天地生。寂兮寥兮，独立而不改，周行而不殆，可以为天地母。吾不知其名，字之曰道，强为之名曰大。大曰逝，逝曰远，远曰反"[②]。意即，有一个东西混沌而成，先于天地而存在。它寂静无声，寂寥无形。它独立自在而不因外物而改变，循环运行而从不停止，它可以作为天地万物的本原。我不知道它的名字，勉强把它叫作"道"，勉强命名为"大"。大又称为"逝"，逝又称为"远"，远又称为"反"。

老子又曰："道冲，而用之或不盈。渊兮，似万物之宗。……湛兮，似或存。"[③] 意即，"道"是空虚且用之不尽的，它深不可测，好像万物的根源，它清澈明净，似无而实存。因此，在老子看来，"道"就是一种无形无声，先于天地万物而存

---

① 老子. 道德经 [M]. 长春：吉林文史出版社，2004.

② 老子. 道德经 [M]. 长春：吉林文史出版社，2004.

③ 老子. 道德经 [M]. 长春：吉林文史出版社，2004.

在的东西，它是天地万物的本原，独立存在而不受外物影响，反复循环运行而又从不休止，虚空似无却实存而用之不尽。

我们可以看出，在老子看来，人作为宇宙万物之一，虽然源于天地之间，但是，并不能说明人在宇宙天地，以及万物本原之"道"的面前无足轻重，相反，人与"道"、天、地同样，都在宇宙中占据重要的位置。因为"人法地，地法天，天法道，道法自然"。意即，人以地为依据，地以天为依据，天以"道"为依据，"道"以"自然"为依据，"道"按自己内在的原因独立存在，独立运行，它只根据自己本来的样子存在着，没有别的什么影响着它，所以叫"道法自然"。这也就是说，"道"按照其自然的状态独立存在并循环往复，从不休止地运行着，天、地据此"道"而存在运行，而人则通过对天、地、"道"的认识，按照大"道"规律，顺应天地自然，效法天地自然，达到与天地自然及"道"相通相合的"天人合一"状态，实现人自身的发展，以及人与自然的和谐发展，也即"无为无不为"。"无为"意即顺应自然规律行事而不妄为，即"顺自然也"，"无不为"即无所不为。"无为无不为"意即，顺应自然行事而不妄为，同时又能实现一切可能的作为。老子所指的"无为"即不轻率行动，不勉强追求，只是放下个人私欲，依循自然界的规律来行事。在自然界中，万物以多样的形态诞生，并在不断成长变化中展现出丰富多彩的生命形态，每个生命都有其独特的发展轨迹。河边的柳树发出嫩绿的新芽，山中的茶花绽放粉红色的花朵，鸟儿在天空中飞翔，鱼儿从水中跃出，在这个世界中，没有任何功利，也没有对价值的评价，在自然中一切都是如此，顺其自然，没有任何矫揉造作。

可见，"无为"不是什么都不做的消极不作为，而是人的行为顺自然而为，也即在尊重自然规律、顺应自然规律前提下的一切合乎自然的行为。正是因为这种行为尊重自然规律、顺应自然规律，才避免了与"自然"的冲突，既实现了与自然的和谐，又成就了其自身"无不为"的状态。简而言之，人与自然的这种"天人合一"的状态，正是人发挥其主观能动性来认识自然、了解自然，尊重、顺从且按照自然规律而做事的结果。

2.《庄子》中的"天人合一"思想

道家学派的另一个代表人物——庄子，对"天人合一"的思想有着独特的理解。其认为"天"包含两层含义：一是指作为自然界的自然之天，二是指自然本来的状态，即无为、自然而然的状态。基于此，庄子的"天人合一"就有了两个理论前提：一是在"道"统摄下的天人同质，二是自然而然状态的"天"，和与其相反的人为状态的"人"的"天人相分"。

首先，从道的观念出发，庄子认为，天地、万物和人是齐同的。

庄子认为，道是万物之本，万化之源。"夫道有情有信，无为无形；可传而不可授，可得而不可见；自本自根，未有天地，自古以固存。神鬼神帝，生天生地；在太极之先而不为高，在六极之下而不为深，先天地生而不为久，长于上古而不为老。"① 也就是说，道无处不在，万物莫不在道的统摄之中。

庄子认为，人与万物一样，都在"道"的统摄之中。从这个意义上讲，庄子认为，天地万物与人是一体的，不存在主客体问题。因此，庄子又说："以道观之，物无贵贱。"② 尽管庄子强调了"万物齐一"这一观念，即道统视角下万物归一，但他也指出这种归一并非消解万物各自特性的完全统一。相反，庄子认为，这种统一是多样的，是万物在保持各自本性的前提下的统一。

其次，关于"天人相分"，庄子曰："无以人灭天，无以故灭命，无以得殉名。"③ 这就是在说，不要以违背天意的行为来毁坏万物的自然状态，不要以故意行为来毁掉那些自然存在的生命，不要以贪得之利毁掉本然的名声。庄子又曰："天在内，人在外，德在乎天。"④ 庄子认为，天然之性是内在本然的，人的行为则是外在的，德行就在于合乎天性，顺应自然而为。因此，外在人为之"人"要合于内在本然之"天"，需要重建合乎天性之德行，行顺自然之为。庄子认为，造成这种"天人相分"状态的原因在于，人在外在世界中被外物异化，进而迷失了本然天性。因此需要重建德行，以回归本然天性，进而重新回到"天人合一"的状态。

（二）儒家思想中的"天人合一"观

其实，"天人合一"思想，不仅是道家思想的重要内容，也是儒家思想的重

---

① 庄周. 庄子 [M]. 沈阳：辽宁民族出版社，1996.
② 庄周. 庄子 [M]. 沈阳：辽宁民族出版社，1996.
③ 庄周. 庄子 [M]. 沈阳：辽宁民族出版社，1996.
④ 庄周. 庄子 [M]. 沈阳：辽宁民族出版社，1996.

要内容之一。不仅儒家经典中有很多相关论述，而且后世儒家学者对其也有继承和发扬。

1.《中庸》中的"天人合一"思想

《中庸》原是《礼记》中的一篇，为战国时子思所作，全篇以"中庸"作为最高的道德准则和自然法则。宋代把它与《大学》《论语》《孟子》并列为"四书"，成为后世儒家必读的经典。"天人合一"是《中庸》的重要思想。

《中庸》认为，天道就是"诚"，人道就是追求"诚"。《中庸》说："诚者，天之道也。诚之者，人之道也。诚者，不勉而中，不思而得，从容中道，圣人也。诚之者，择善而固执之者也。"① 这就是说，天道的"诚"是自然的秉性。人道的追求"诚"是后天的造化，人道可以通过对"诚"的后天追求，达到与天道的合一。

《中庸》记载："或生而知之，或学而知之，或困而知之，及其知之，一也。或安而行之，或利而行之，或勉强而行之，及其成功，一也。"② 可见，《中庸》认为，人人都可以达到天人合一的"诚"的思想境界，关键在于个人的主观努力。只要通过主观努力，人人都可以达到天人合一之"诚"的境界。《中庸》记载："天命之谓性，率性之谓道，修道之谓教。"③ 也是在说，能顺其天性就叫作道，而通过对人性不善的一面进行改善，使其顺应天性就是教化。

2.《孟子》中的"天人合一"思想

孟子以简练的语言概括了"天人合一"思想，曰："尽其心者，知其性也。知其性，则知天矣。存其心，养其性，所以事天也。夭寿不贰，修身以俟之，所以立命也。"④ 意即，人只要能尽心竭力，就能了解固有的天性，认识了天性也就认识了天道。在认识天道的基础上，保存自己的天性，修养自己的天性，这样，便可以用来侍奉天道了。无论是短命还是健康长寿，都坚持尽心、知性、知天、存心、养性、侍天的修身功夫，就一定能够达到"立命"的境界，也即"天人合一"之境界。换言之，通过尽心、养性等途径，人就能达到"所过者化，所存者神，上

---

① 颜培金，王谦. 大学 中庸 [M]. 武汉：崇文书局，2023.
② 颜培金，王谦. 大学 中庸 [M]. 武汉：崇文书局，2023.
③ 颜培金，王谦. 大学 中庸 [M]. 武汉：崇文书局，2023.
④ 孟子. 孟子 [M]. 哈尔滨：北方文艺出版社，2019.

下与天地同流""万物皆备于我矣，反身而诚，乐莫大焉"①的天人合一境界。这种天人合一的思想教育，贯穿孟子思想的全部理论和实践。

3. 宋明理学的"天人合一"思想

两宋时期，天人合一思想已发展成为占主导地位的社会文化思想，几乎被各种学派接受。张载是中国文化史上第一个明确提出了"天人合一"命题的思想家，他认为，儒者"因明致诚，因诚致明，故天人合一，致学而可以为圣，得天而未始遗人"②。儒生因为明了自然的发展变化而达到内心的诚实，因为内心的诚实而达到对自然的明了，所以人的内心世界与外在自然达到统一，进而达到最高的学问境界，这样就可以成为圣人，懂得自然界的发展变化规律而又能把这种规律与人的活动有机结合。

在张载看来，世界的本原是太虚之气，人与天地万物都是由此太虚之气构成的，气乃天人合一的基础。他说："乾称父，坤称母。予兹藐焉，乃混然中处。故天地之塞，吾其体；天地之帅，吾其性。民，吾同胞；物，吾与也。"③意即，天就是父亲，地就是母亲，我是如此之微小，混然于天地之中。我的身体存在于天地之间，我的本性秉承天地的本性，天地间所有的人都是我的同胞，天地间的万事万物都是我的朋友。换言之，天地就是父母，人与万物都是由天地所生，都是由气所构成，气的本性也就是人与万物的本性。可见，张载认为，人是自然界的一部分，人与自然界统一于物质性的气。张载还认为，人与自然都遵循统一的规律，即阴阳二气互相作用、对立统一的规律，而天性相通，所以，道德原则与自然规律是一致的。

因此，人不仅要与他人及社会和谐相处，还要与天地间的自然万物和谐相处。进而，张载又说："为天地立心，为生民立命，为往圣继绝学，为万世开太平。"④意即，人应该使天地的本性得以体现，使天地间的一切生命与人都能够生存发展，使得先代圣人的不朽学说得以继承，使世界保持太平。

此外，宋明理学中的程朱学派视超越时空的精神实体"理"为宇宙本体，乃

---

① 孟子. 孟子 [M]. 哈尔滨：北方文艺出版社，2019.

② 吴朝军，刘肖娜. 温文载道 [M]. 西安：陕西师范大学出版总社有限公司，2012.

③ 吴朝军，刘肖娜. 温文载道 [M]. 西安：陕西师范大学出版总社有限公司，2012.

④ 吴朝军，刘肖娜. 温文载道 [M]. 西安：陕西师范大学出版总社有限公司，2012.

"天地万物之根"；陆王学派则视主观的"吾心"也即"良知"为宇宙本体，提出了"宇宙便是吾心，吾心即是宇宙"的观点，进而把"天人合一"的思想又向前推进了一步。程朱认为："所谓万物一体者，皆有此理，只为从那里来。"① 意即，万物是一体的，万物中都存在着天理，万物都是从天理中产生的。在董仲舒看来，天、人是有区别的，是"合而为一"；而在理学家看来，天、人无别，它们本来就是一体，"一"就在"天理"或"吾心"之中，因此，"不必言合"。以"天理"或"吾心"为核心，不仅天与人，而且与社会、自然、万物都凝结于一体，天、人自然为一。

综上所述，"天人合一"是中国传统文化中人与自然关系的重要内容，主要包含了两层含义：一方面，人是自然的派生物，人生活在自然之中，与自然界合而为一。另一方面，人由自然派生而又区别于自然界，因此，"天人合一"是人道德的最高原则与自然界的普遍规律相统一，这也体现了人之为人，以及人与自然和谐相处的高度自觉，体现了人的主观能动性。这对于我们处理人与自然的关系，有着重要的指导意义。

第三节　中国传统人性论与现代德育指导思想的构建

一、中国传统人性论的基本内涵

随着人类的不断进化和社会的发展，要不断调整人与人、人与社会、人与自然的关系，人们开始对人的本质是什么，人应该怎样认识自己，如何实现人的价值等问题进行思考。这种关于人的本质的理论就是"人性论"。在中国古代哲学中，人性论主要有性善论、性恶论、性有善有恶论、性无善恶论等学说。

（一）人性论的起源

中国人性论的起源和演进，与人文精神息息相关。在有史料记载的殷商时期，统治者引导人民尊敬神祇，这是一个人类对神明力量虔诚膜拜的时代。人们更关注如何领会天命神意，而不是考虑个人的性情问题。中国人的人文精神最早出现

---

① 甄隐. 儒家内圣修持辑要 [M]. 北京：中国发展出版社，2015.

在西周初年,这也是中国人性思想的开端。西周时期,人们的观念从敬天事神转变为敬天保民,认为民众的意愿能够反映天意,人们开始将关注重点从天地转向个人,人性开始受到关注。

《大戴礼记·文王官人》载文王说:"民有五性:喜、怒、欲、惧、忧也。喜气内畜,虽欲隐之,阳喜必见;怒气内畜,虽欲隐之,阳怒必见;欲气内畜,虽欲隐之,阳欲必见;惧气内畜,虽欲隐之,阳惧必见;忧悲之气内畜,虽欲隐之,阳忧必见。五气诚于中,发形于外,民情不隐也。喜色由然以生,怒色拂然以侮,欲色呕然以偷,惧色薄然以下,忧悲之色累然而静。诚智必有难尽之色,诚仁必有可尊之色,诚勇必有难慑之色,诚忠必有可亲之色,诚絜必有难污之色,诚静必有可信之色。质色皓然固以安,伪色缦然乱以烦;虽欲故之中,色不听也。"[①]

周文王提出,可以通过观察官员的情绪来了解他们的内心世界,进而评估他们的品质和能力,以判断他们是否适合担任特定官职。尽管周文王更注重选拔人才(类似于今天的组织考察),而非注重对人的教育,但可以说他开创了一条关注个人性格的道路。

在西周时期,人们已经开始关注人的性格和情感,不过他们的讨论还停留在经验阶段,而且只是一些零散的描述,并没有形成系统的人性理论。即便如此,这些思想资源仍然有着极大的价值,后来的人们对人性的讨论正是从这里得到的启发。

(二)各家各派对人性论的观点和研究

先秦是我国古代思想史上一个"百花齐放、百家争鸣"的时期。所谓"人性"问题,在当时曾引起广泛关注。孔子是中国最早谈到人性的思想家。孔子说:"性相近也,习相远也。"[②] 孔子的这句话表达得非常清晰明了。他相信人类的本质是相似的,只是受到后天环境的影响造成个体间的差异很大。孔子的命题"性相近也,习相远也"开创了儒家关于人性的学说。

1. 孔子的人性论

孔子的人性论思想,可以说是倾向于性善的。"性相近"第一层含义是指,

---

① 戴圣. 礼记 [M]. 西安:西安交通大学出版社,2022.

② 孔丘. 论语 [M]. 西安:陕西旅游出版社,2003.

人类具有共同的本性，至于这个共同本性是善是恶，孔子并没有明说。《庄子·外篇·天道》中记载老子与孔子的对话，"老聃中其说，曰：'大谩，愿闻其要。'孔子曰：'要在仁义。'老聃曰：'请问，仁义，人之性邪？'孔子曰：'然。君子不仁则不成，不义则不生。仁义，真人之性也，又将奚为矣？'"①在这里，孔子把仁义视为人的本性，可见孔子的性善倾向。另外，"狂者进取，狷者有所不为""古之狂也肆，今之狂也荡；古之矜也廉，今之矜也忿戾；古之愚也直，今之愚也诈而已矣"②。"进取""不为""肆""廉""直"，都是在血气之中所显出的善，孔子从血气心智之性的不同形态中，发现其有共同之善的倾向，所以他说"人之生也直，罔之生也幸而免"③。"直"为一切人之常态，以"罔"为变态。这些都证明了，孔子是从善的一面来理解性相近的。第二层含义是说，人性并不是完全等同的，而是同中也有异。人的本质基本相同，为何后天表现出的特征有如此明显的差异呢？孔子认为，这是后天形成的习惯所导致的。因此，孔子非常重视后天的学习。

2. 孟子的性善论

孟子在儒家思想的发展中作出了重要贡献，他倡导人性本善的观点。他是第一个系统地研究人性问题的学者，通过性善论的视角探讨了孔子关于"仁学"的理论问题。孟子的性善论是基于人与禽兽的区别、内心与天性的区别，以及生命与品德的区别得出的，涵盖了仁爱、正义、礼仪和智慧四个方面。孟子认为，人类与禽兽的主要区别在于人类心灵中具有的四种品德：恻隐之心、羞恶之心、辞让之心和是非之心。中国文化以四端为特点，即仁、义、礼、智。这四端并非天生的品质，而是人类社会的特质，也就是人性中的文化成分，需要通过学习才能获得，而非世代相传。刚刚出生的幼儿连排泄都不能自理，又何来羞恶之心呢？《三字经》上写着"香九龄，能温席"和"融四岁，能让梨"④。汉朝的黄香在九岁的时候，就能尽孝道，孔融在四岁的时候，就知道礼让。小孩子在四岁和九岁的时候能知道孝顺和礼让，就非常难得，能著称于历史了。由此可知，初生的婴儿

---

① 庄周. 庄子 [M]. 沈阳：辽宁民族出版社，1996.

② 孔丘. 论语 [M]. 西安：陕西旅游出版社，2003.

③ 楼宇烈. 王弼集校释 [M]. 北京：中华书局，1980：632.

④ 孟维. 三字经 [M]. 青岛：中国海洋大学出版社，2021:6+8.

连什么是仁、义、礼、智，都是不知道的。在这种情况下，人类和动物是一样的。人类和动物的区别在于人类拥有文化，而动物没有。在这里，孟子关注的是人类的文化特质和习惯，而非天生的本性，因此不能用来评判人性的善恶。就心性的辨析而言，孟子认为人类所拥有的一切品行都是由心智引导而来的。当然，他早就提出了心灵和感官的对立概念。这也涉及文化和动物之间的对立概念。"心之官"所代表的思维是受到后天文化影响形成的，而"耳目之官"则体现先天的动物本能。实际上，孟子认为人类和禽兽有相似之处，但人类之所以与禽兽不同，是因为人类具有独特的文化性。

关于"性命之辨"，孟子在这里所言的"性"即指天生本性，而"命"则指个人的命运。个体的本性是与生俱来的、固定的，而个体的命运是变化的、不稳定的，这两者之间存在显著的差异。人类天生希望满足身体需求，但满足身体需求却受制于客观现实和命运。

3. 荀子的性恶论

荀子是先秦儒家的最后一位大师。与孟子相反，在人性问题上，荀子主张"性恶论"。如果说，孟子将人性归结为社会性，也就是前文所说的文化性，那么，荀子很显然将人性归结为人的自然本能，什么是人的自然本能？荀子在性恶论中所举的例子，如饥而欲食、渴而欲饮、寒而欲暖、劳而欲息，都是人的自然本能，亦都是与动物共有的动物性。这种动物性是可以代代相传的，每一代的人，从生下来就会"饥而欲食"，用不着学的。在"性恶"篇中，荀子试图证明，人生来就有求利求乐的欲望，这些天生的欲望是恶。至于善，则是后天人为的结果。荀子还指出，礼仪规范是对人的天性的违背，而这种限制又是必要的。因为"从人之性，顺人之情，必出于争夺，合于犯分乱理，而归于暴。故必将有师法之化，礼义之道"[①]。也就是说，因为人的天性是恶，就需要圣人君主对臣民进行教化，立法制礼，以使之"化性起伪"，而达于善。

在荀子看来，人的性情好荣恶辱、好利恶害、好生恶死、好逸恶劳，这些都是与生俱来的，在性、情、欲的面前，人生而平等，就连尧、舜一类的圣人也不能例外。荀子还说："圣人之所以同于众，其不异于众者，性也。"[②]他认为，人的

---

① 荀况. 荀子 [M]. 北京：北京汇聚文源文化发展有限公司，2015：310.

② 荀况. 荀子 [M]. 北京：北京汇聚文源文化发展有限公司，2015：314.

本性顺其自然发展，就产生了恶，这是不可避免的。因此，在荀子看来，人性是恶的。

荀子的性恶论是对孟子的性善论的回应。他们的观点相冲突是因为他们在人性问题上有不同看法，孟子认为人性倾向于善良，强调文化的影响，而荀子认为人性本恶，强调人的动物本能。在本质上，人类的文化部分倾向于善良，而动物本能更偏向于负面行为。现在看来，孟子关于人性善良的观点和荀子有关人性恶劣的理论都有其道理。孟子关注的是人的习性，而荀子关注的是人的天赋本性。

人天生具有的本性是人性中的动物本能，也是荀子认为的性。他还强调，在人的天性中，一旦添加了外在因素，性就丧失了其本真特性。因此，一些学者将荀子的人性观称作自然人性论。荀子认为，人的好利恶害、好生恶死、好逸恶劳都被包含在人性之中，这些都源自人性中与动物本能相关的欲望。人类需要保持本能，否则就会灭绝。然而，随着原始欲望的出现，原始的恶也会出现。荀子曾经指出，每个人的本性中都包含了恶的倾向，并且在性格、情感和欲望方面，所有人生来就是平等的，即使圣人也不例外，若有例外就意味着这种品质将会绝迹。因此，当人的天性得以自由展现时，恶就会产生。他进一步推断：人寻求善的动机在于人性本恶。

人类同时具有与动物一样的本性和受文化影响的特质。孟子致力于探索人性的文化内涵，并对人的文化性进行深入研究。他其实是选择性忽略了人性中动物性的一面，只是为了强调自己性善论的观点。荀子着重强调人性中的动物性，并探讨其中的道理，却忽视了人性的文化性，他并非不明白人性中也存在着人为的因素。我们可以将人的本能和文化性结合起来，将这两种理论融合在一起，引用孟子的性善论来解释人性中的文化性，引用荀子的性恶论来解释人性中的本能（动物）性。

4. 性无善无恶论

告子认为，性无善无恶。善与恶都不是本性，而是后天教育培养使性发生的改变。性无善无不善也。"性犹湍水也，决诸东方则东流，决诸西方则西流。人性之无分于善不善也。犹水之无分于东西也。"[①]

---

① 孟子. 孟子 [M]. 哈尔滨：北方文艺出版社，2019.

在战国时期，道家也主张性无善恶之分，但与告子的观点有所不同。庄子认为人的本性是纯朴而自然的，没有善恶的概念。道家既不认为仁义是人的本性，也不认为情欲是人的本性。强调随遇而安，才能维持真实的本性。

北宋时期的王安石和苏轼也认为，性无善无恶。王安石认为，人性本身并没有善恶之分，而是取决于个人不同的习惯和行为。要引导人们向善抑恶，就需要通过礼乐教育来培养人的品性。

明代王守仁也认为性无善无恶，主张无善无恶便是至善，这种观点也可以称为性超善恶论。"性之本体，原是无善、无恶的；发用上也原是可以为善、可以为不善的；其流弊也原是一定善、一定恶的。"①

王守仁的弟子将其立教宗旨概括为："无善无恶是心之体，有善有恶是意之动，知善知恶是良知，为善去恶是格物。"②比较全面、准确地表达了王守仁的思想宗旨和人性论。他立言的宗旨是：以良知为指导，通过格物致知，达到"为善去恶"。要变恶复善，必须"'存天理'去人欲""静坐息思""省察克治"。在主观内省上下功夫，提升自我修养，就可将"发动处有不善"的念头打消。

5. 性有善有恶论

战国时期的思想家世硕最早提出性有善有恶。对此，王充说："周人世硕，以为'人性有善恶，举人之善性，养而致之则善长；性恶，养而致之则恶长'，……善恶在所养焉。"③世硕等人认为，人性中有善有恶，但善恶的形成，最终在于后天的教育培养。

董仲舒认为，人性不是全善，也不是全恶。人有贪仁之性，兼含善恶。性有善的要素，但并非全部是善，就像茧有丝而茧并非丝、卵有雏而卵并非雏。"性待渐于教训而后能为善。善，教训之所然也。非质朴之所能至也。"④他强调教化成善，而非性本善。善是教育的结果，并非自然形成的品质。

扬雄主张性善恶混论。"人之性也善恶混。修其善则为善人，修其恶则为恶

① 王阳明. 传习录 [M]. 沈阳：万卷出版有限责任公司，2020.

② 鸿飞扬. 知行合一 [M]. 长沙：岳麓书社，2021.

③ 王充. 论衡 [M]. 上海：上海人民出版社，1974.

④ 董仲舒. 春秋繁露 [M]. 呼和浩特：远方出版社，2005.

人。"① 据此，扬雄提出"修性"说："学者，所以修性也。视、听、言、貌、思，性所有也。学则正，否则邪……以习非之胜是，况习是之胜非乎？"② 意为习善足以克服性中的恶，而习恶则足以消泯性中的善。"人而不学，虽无忧，如禽何？学者，所以求为君子也。求而不得者有矣，夫未有不求而得之者也。"③

进而，扬雄又提出"天下有三门：由于情欲，入自禽门；由于礼义，入自人门；由于独智，入自圣门。"④ 听凭情欲，即顺从性中的恶，会沦为禽兽。按照礼义行事，即发展性中的善，才能成为君子。这段话强调了修身学习对于养性成善的重要作用。

二、现代德育指导思想的构建

中国古代以"仁"为指导思想，以"性善论"为理论基石，构建起结构完整、逻辑严密、操作性较强的德育理论体系，收到了巨大成效。尽管其中存在着诸如泛道德主义、道德政治化、道德缺乏人性等问题，但是，它给了我们重要启示：要推进现代德育构建，就必须把确立德育工作指导思想放在首位。

（一）中国传统德育指导思想的现代启示

研究中国传统道德教育的历史，我们会发现，一代代中国人积累了许多宝贵的经验。这对我们确立现代德育指导思想具有重要的启示。

这些经验和启示包括：一是我们的教育对象都存在先天道德禀赋，所以，教育的任务不是要重塑学生，而是传授必要的知识，并引导学生践行；二是对于个人的全面发展和社会的进步而言，德育不仅重要，而且具有可行性，我们必须增强工作的自觉和自信；三是必须高度重视教师自身素质的提高，学为人师，行为世范；四是指明了德育目标非常重要，但必须考虑到它内部存在由低到高的逻辑结构；五是必须构建国家引导、家庭教育、学校教育、社会氛围、乡规民约、文化规范等多位一体的德育体系；六是道德教育绝不能是空洞说教，必须教育和引导学生，使其将道德知识内化于心、外化于行，重视平时的修行，继而养成良好

---

① 纪国泰.《扬子法言》今读 [M]. 成都：巴蜀书社，2010.
② 纪国泰.《扬子法言》今读 [M]. 成都：巴蜀书社，2010.
③ 杨雄. 法言 [M]. 北京：中文在线数字出版集团股份有限公司，2020：8.
④ 杨雄. 法言 [M]. 北京：中文在线数字出版集团股份有限公司，2020：27.

的道德习惯和健康的人格；七是德育必须讲求科学的方法，循序渐进、因材施教、启发探讨。

同时，我们也应该看到，具有强烈的封建专制主义色彩的中国传统德育理论和实践体系，本质上是为维护封建统治秩序服务的，它存在两个方面的弊端。

一是中国传统文化把道德放在至高无上的地位，并渗透到其他一切社会领域，道德为其他一切领域的最高原则，其他一切领域都依附于道德，服务于道德。道德至上，天地万物、社会人生、行为、人性等，都要以此来衡量，导致道德为政治所利用。中国封建社会之所以延续两千多年，其中一个重要原因就在于，这种泛道德主义所带来的"稳定"和"压抑"。我们要明确道德是一种社会意识形态，是人们共同生活及其行为的准则与规范，的确很重要。但说到底，道德不能主宰一切，维系社会的稳定和发展还需要其他制度或者法律。

二是当道德教育从原先的"本我"需要出发，变为封建礼教，压抑"人"的本位需求，必然会带来等级特权、迷信盲从、法制欠缺、思想禁锢、人性扭曲等问题。

所以，构建现代德育指导思想，必须在批判继承中国传统德育的历史经验的基础上，紧紧把握形势需要，重新构建符合时代要求的德育指导思想。

（二）构建现代德育指导思想的重要性

所谓指导思想，就是在宏观高度确定完成一项事业或工作必须遵循的理论依据、总原则、总方向、总体方略。它对工作或事业的全局规划和执行方向，具有非常关键的指导作用。我们在构建现代道德教育体系时，首要考虑的是构建指导思想，因为它指引着工作的方向，规定了工作的目标，确定了行动的途径和方式。明了了指导思想，就会事半功倍。否则，就会浪费时间和精力，甚至面临失败。

以经济建设为中心是改革开放以来的建设重点，我国积极推动社会主义现代化进程，取得了显著的成就。然而，由于社会风气的影响和新的价值观体系尚未形成，一些法律体系还不够完善，社会上产生了许多不同的价值观念，这很容易使人们在精神上感到迷茫。功利主义和多元化的价值观盛行所带来的影响是显而易见的。道德教育过于注重政治灌输，缺乏实际成效，造成某些领域和地区道德标准下降，模糊了善恶、美丑的边界。拜金主义、享乐主义及过度追求个人利益的趋势逐渐明显，社会上出现了损害公众利益、谋取私利的行为。

总结当前我国社会存在种种道德滑坡现象及其产生的原因，说到底，在于没有在国家战略高度层面把德育放在应有的位置，相关政策也缺乏系统性、科学性和有效性。

学校德育也存在诸多问题：一是道德教育偏重政治说教，与社会现实脱节，缺乏吸引力；二是中小学普遍存在弱化德育现象；三是重知识传授，忽视道德实践和行为养成。

人无德不立，国无德不兴。我们必须以实现国家富强、人民富裕、中华民族伟大复兴为目标，科学规划和布局德育，形成中央直接领导，各级宣传、教育、文化、科技、组织人事、纪检监察等部门，工会、共青团、妇联等团体，以及社会各界，各尽其责，相互配合的工作体系，注重评价、激励和约束，真正把德育工作落到实处，构建既注重中国传统美德，又具有时代特征和民族精神的道德体系，用道德的力量支撑民族复兴的伟大事业。

（三）构建现代德育指导思想的基本原则

1. 坚持以人为本、推动人的全面发展的原则

中国传统道德教育建设的经验告诉我们，人皆存有"善端"，德育的作用在于使人"存心"，继而帮助人经过学习、践行，由"四心"转变为"四端"，最终达到"理想人格"。这充分说明，德育的一大特点是由"人"的自觉"需要"出发，并非外界作用的结果。这给了我们重要启示：德育必须坚持以人为本，推动人的全面发展。

2. 坚持吸收古今中外传统道德教育经验的原则

毫无疑问，中国传统道德教育建设之所以符合中国人的思维习惯，更容易被大众接受，是因为其在建设过程中积累了丰富的经验，这些经验非常符合中国人的价值观。所以，我们必须继承并弘扬中国传统道德建设的优良传统。这些优良传统包括：一是高度重视德育，并构建国家、家庭、学校、乡规民约相结合的德育体系；二是建构明确的道德目标，并且这种德育目标不随时代变化而变化；三是高度重视榜样的力量，要求各级官吏、教师都要以身作则；四是把道德教育建设作为系统工程来抓，并通过各种制度建设，保证和推进道德教育的落实；五是重视个人在德育中的主观能动性；六是规定学校教育必须把德育放在突出位置。

3.坚持循序渐进和区别对待的原则

古人在中国传统道德教育建设中，一直坚持循序渐进、区别对待的原则。

一是将德育目标分为不同层次，满足人的不同需求。二是各年龄阶段学习内容不一样。例如，6至10岁，主要进行识字、基本礼仪、背诵先贤道德经典；10至15岁，进一步加强礼仪教育，大量背诵经文，并进行粗浅解读；15至20岁，开始进行道德论述并践行；20岁以后，反复揣摩先贤道德智慧并终身践行。

这些传统给我们重要启示，德育不能千篇一律，必须循序渐进、区别对待。必须重新构建现代德育知识体系，明确幼儿园的小朋友、小学生、中学生、大学生应该学什么、达到什么目的、如何践行。

（四）现代德育指导思想的基本内容

综上所述，现代德育指导思想应该是：坚持以中国特色社会主义理论体系为指导，自觉落实科学发展观，坚持以社会主义核心价值体系为指导，坚持以人为本和实现人的全面发展，坚持从实际出发，积极构建中央直接领导，宣传、教育、文化、新闻、共青团等部门齐抓共管的工作格局和体系，从国家整体战略高度规划学校德育体系，部署各教育阶段的具体内容、实施途径和方法，要从政策制定、法律建设等角度，积极构建德育评价、激励和约束机制，加大投入，确保德育工作落到实处，取得实效，为中国特色社会主义事业，以及中华民族伟大复兴提供坚实的思想保证和道德支撑。

1.坚持以中国特色社会主义理论体系为指导

实践证明，中国特色社会主义理论体系包含一系列重要战略思想，是在正确方向上取得的新成果，是中国共产党最宝贵的政治和精神财富，是全国各族人民共同努力的基础，是必须长期坚持的指导思想，是我们成功开展各项工作的重要指导原则。在进行德育工作时，以中国特色社会主义理论体系为指导，是确保德育工作始终朝正确方向迈进的唯一选择，同时，坚持将中国特色社会主义理论体系融入德育工作，对学生进行教育，也是当前德育工作义不容辞的责任。

2.坚持以社会主义核心价值体系为指导

确立社会主义核心价值体系，是中国共产党在思想文化建设方面进行的重要理论探索和创新，也是党在关键战略任务中的重要举措。这一体系明确了在新的历史条件下，中国共产党如何引领全体人民共同走上进步的道路，并展现中华民族独具特色的精神风采。社会主义核心价值体系是社会主义意识形态的基本准则，应该成为我国广大人民的统一世界观、人生观、价值观和道德观。它涵盖了指导思想、中国特色社会主义的共同目标、以爱国主义为核心的民族精神、以改革创新为核心的时代精神，以及社会主义的价值观。这几个方面反映了鲜明的政治立场、民族情感和时代特色，展示了中国特色社会主义建设目前和未来漫长发展过程中所有社会成员需遵循的思想追求、价值准则和行为规范。

3. 坚持以人为本和实现人的全面发展

德育工作成败的关键在于能否坚持以人为本并促进个体的全面发展，从而使其具有针对性、实效性、吸引力和感染力。如果道德教育缺乏人文关怀和对学生全面发展的关注，不能帮助他们实现全面发展，那么这种道德教育毫无意义。通过德育实现人的全面发展，有八点要求：一是要以人为本，必须认可"人"的核心地位；二是充分利用"人"的潜力；三是满足"人"的利益；四是实现"人"的权利；五是重视"人"的价值；六是维护"人"的尊严；七是珍惜"人"的性命；八是促进"人"的发展。只有这样，才能使德育充满人性关怀，才能充分激发学生的主观能动性，最终才具有实效性、吸引力和感染力。

第四节　优秀传统文化与高校德育教育融合的原则与路径

一、坚持正确指导和性继承的原则

（一）坚持正确指导的原则

我们必须将正确、科学的思想作为我国德育教育的指导思想。在中华优秀传统文化与德育教育相融合的研究中，要正确把握中华优秀传统文化与德育教育的内在关系，正确把握中华优秀传统文化在当代德育教育中的应有地位。应该说，对中华优秀传统文化的研究必须坚持正确指导方向，二者之间是支援意识与主导意识的关系，我们在努力挖掘中华优秀传统文化的德育教育资源时，必须将中华优秀传统文化视为德育教育理论的支援性资源，不能本末倒置。

（二）坚持创新性继承的原则

1. 坚持创新性原则

中华文明之所以历经五千余年而绵延不断，正是由于中华优秀传统文化自身所具有的包容与开拓的自我革新精神，有了这种精神，它才能在与各种外来文化的不断冲突与碰撞中，借鉴、吸收其精华并将其内化于自身，使中国传统文化不断弥补自身缺陷，从而完成自身的发展创新。因此，我国当前的德育教育只有不断发掘中华优秀传统文化中丰富的德育教育资源，才能改变其自中华人民共和国成立以来的重意识形态说教而轻文化教育的缺点，改变其陈旧僵死的内容与模式，不断开拓其发展创新的新视野与新渠道。

2. 坚持适度原则

中华优秀传统文化与德育教育融合研究是跨学科交叉视野下对德育教育学科的研究方向之一。我们的研究需要整合其他学科领域的理论成果，比如借鉴古代道德教育理论和实践模式方面的研究成果，以及古代道德教化理论的相关研究。此外，我们还需要探索中国哲学和中华传统文化价值观的解释和理解方法，同时运用其他教育形式的研究方法为研究提供支持。然而，需要强调的是，其他教育形式的研究成果只能作为参考，我们一定要有对德育教育的独立思考。只有清楚地凸显德育教育的独特之处，才能保证它在各种教育领域中脱颖而出，不被忽视。因此，我们在借鉴其他教育形式的研究成果或方法时，应当慎重选择，并在必要时进行适当的删减，不应简单地套用其他研究的成果，或者机械地将其他教育内容与德育教育内容拼凑在一起。

3. 坚持渗透性原则

相比于强制灌输，渗透性原则侧重于文化对人潜移默化的影响，通过熏陶感染，让个体在自发的过程中乐意吸收新的知识、技能或思想观念等，这有助于激发受教育者的内在动力和自愿性。因而，在探索德育教育与中华优秀传统文化融合的过程中，要重视渗透性原则的实践应用，以在潜移默化中培育受教育者良好的思想品德素质。

4. 坚持互补性与互容性原则

长期以来，我国的德育教育实践往往过分关注其意识形态功能，而忽视其文化功能，这就使得德育教育一直偏重于简单空洞的理论说教和意识形态的直接灌输，进而使其人文精神被忽视。中华优秀传统文化的教育方式则正好弥补了现代德育教育模式的不足，二者存在一定的互容性、互补性。二者的互容互补，有助于弥补我国当前德育教育模式的不足，引导我国德育教育模式的创新发展，进而增强德育教育的实效性。

二、中华优秀传统文化与德育教育相融合的路径

（一）将中华优秀传统文化纳入德育教育范畴

中华人民共和国成立以后，我国在德育教育实践中一直偏重于意识形态教育，只强调正确指导方向和世界观的教育，而忽视中华优秀传统文化的教育，德育教育的文化功能被忽略。由于缺乏充足的文化资源的支撑，我国的德育教育变得教条僵化、空洞枯燥、难以服众，陷入一种尴尬局面。目前，这种局面虽然有所改观，但仍未彻底改变。因此，我们有必要重新审视德育教育的文化功能。基于对德育教育文化环境的考量，要彻底改变我国德育教育的这种尴尬状态，促进德育教育的创新发展，必须将中华优秀传统文化作为德育教育重要的资源，纳入德育教育范畴。我们可以在高校中开设中华优秀传统文化课程，讲授《周易》《诗经》《楚辞》《论语》《孟子》《大学》《中庸》《荀子》《韩非子》等中华优秀传统文化典籍，并揭示其现代价值，使学生在中华优秀传统文化的熏陶下，不断提高自身的思想道德素质和优秀传统文化素养，实现德育教育的育人目标。

（二）在全社会营造良好的中华优秀传统文化氛围

历史告诫我们，在任何情况下，任何民族在促进文化进步时，都应该珍视和传承其传统文化的优秀之处。一个国家或民族如果背离了本族的优秀传统文化，就会失去文化的根基和灵魂，进而失去前进的指导方向。国家需要增强文化自觉和文化自信，建设优秀传统文化传承体系，并推动优秀传统文化的传承。社会环境通过各种因素与人们的日常生活融为一体，悄无声息地塑造着人们的思维模式和核心价值观，进而影响了道德教育的涵盖范围和实施方式。德育教育必须得到社会整体环境的支持和协助，只有全社会都认可和重视中华优秀传统文化，才能为中华优秀传统文化与德育教育的融合打下坚实的基础。在培养人们的文化认同

和自信心，提高对中华优秀传统文化的重视程度，这是符合时代潮流的，也是整个社会共同的责任与义务。人们应该从过去的经验中吸取教训，利用好中华优秀传统文化，以推动中华优秀传统文化与道德教育的融合，助力培养积极向上的社会风气。具体来说，作为中华优秀传统文化教育的领导者和推动者，国家和政府要在思想上高度重视中华优秀传统文化教育在全社会的推广工作，要重视对中华优秀传统文化资源的挖掘和运用，在全社会开展多样的中华优秀传统文化活动，并配以相应的制度建设，通过起草出台加强优秀传统文化教育的文件，从领导体制、经费投入等方面提供制度保障，确保中华优秀传统文化教育活动能够在全社会持续稳定地开展下去。

（三）加强科研与教师队伍建设，提高科研与教学能力

中华优秀传统文化与德育教育融合这一研究方向，需要教师和相关研究者具备两方面的学术能力：一是需要具备坚实的中华优秀传统文化基础，能够灵活运用中国哲学的研究方法来深入理解传统典籍，准确展现中国古代文化思想的真正含义，避免泛泛而论和牵强附会的情况出现；二是需要深入探讨德育教育的本质原理，并且要能够准确、快速地理解和遵循党的方针政策和路线，始终沿着正确的方向来进行中华优秀传统文化研究。只有当研究者具备这两个方面的能力时，才有可能获得优质的研究成果，从而更好地发展德育教育。然而，目前在中华优秀传统文化与德育教育融合这一研究领域，真正能同时达到这两方面要求的学者少之又少。这也是目前中华优秀传统文化与德育教育融合这一研究领域存在的重要问题之一。因此，我们需要进一步发展这个研究领域的科研和教师团队。首先，可以邀请来自各个学科领域的专家，对这一研究领域的教师和研究人员进行培训，以提升他们在中华优秀传统文化和道德教育方面的综合研究能力。其次，应该增加相关领域的科研项目并提高学术研讨会的频率，以便在学术探讨中推动两个学科知识之间的整合。最后，需要增加相关科研项目的经费投入，提升专业教师与科研人员的薪酬水平，以及提高他们对专业的认同感。此外，还应该适当增加教学工作量，以鼓励他们在教学实践中进一步提升教学技能，优化教学方法。

（四）关注社会现实，引入问题意识

只有时刻关注社会现实，才能使理论研究得到持续发展并保持活力。在进行道德教育时，我们不能只是停留在概念和理论层面上，而是要深入挖掘中华优秀传统文化中的道德资源。重要的是，理论研究要能够有效地回应社会现实问题，对解决社会现实问题有实际意义。

因此，关注社会现实，从实际调查入手，在寻找问题、引入问题过程中确定研究的切入点，不断开阔学术视野，是中华优秀传统文化与德育教育相融合研究的重要途径和研究方法。

第五节　基于优秀传统文化构建高校德育管理与评价体系

回顾我国两千多年传统道德教育史，以及中华人民共和国成立以来的学校德育实践历程，总结其成功经验，有一点是毫无疑问的：要加强学校德育工作，必须建立一整套德育管理和评价体系。只有科学的管理，才能保证德育落到实处。只有科学的评价体系，才能引导德育向预期目标前进并取得实效。在我国改革开放不断深化，学校德育所面临的形势、目标、任务、对象都在发生变化的情况下，我们只有不断地总结历史经验，解放思想、更新观念，以创新的思维不断推进德育管理和评价体系的构建，才能确保德育工作落到实处，并取得实效。

中华优秀传统文化中蕴含丰富的道德教育资源，如道德修养、行为规范、尊重自然、尊师重教、人文精神及审美观念等。这些资源为高校德育提供了坚实的理论基础。因此，深入理解优秀传统文化的内涵，挖掘其德育价值，是构建高校德育管理与评价体系的基础。我们要基于优秀传统文化构建高校德育管理与评价体系，将中华优秀传统文化的精髓融入现代高等教育中，以培养学生的道德品质、人文素养和社会责任感。这一体系的构建不仅有助于弘扬传统文化，更能促进高校德育工作的创新与发展。高校应注重传统与现代的融合，既要尊重和继承中华优秀传统文化的精髓，又要结合现代社会的需求和特点进行创新，通过传统与现代的融合，形成具有中国特色的现代德育管理与评价体系，为培养德智体美劳全面发展的社会主义建设者和接班人提供有力支撑。

一、现代德育管理和评价体系的基本内涵

现代德育工作管理体系，有广义和狭义之分。广义的现代德育管理体系，是

指一个国家根据经济社会发展的需要，提出当前和今后一段时期学校德育工作的规划、目标和任务，并就如何贯彻落实好学校德育工作而构建的自上而下的德育工作领导和管理体制与运行机制的总和。狭义的现代德育管理体系，是指一个学校为贯彻落实好国家德育工作规划、任务和目标，而在学校内部形成的领导机构、责任部门、工作方案，以及相应的管理措施和管理机制的总和。

现代德育评价体系，也有广义和狭义之分。广义的现代德育评价体系，是指一个国家为确保其德育工作规划、目标和任务落到实处、取得实效，发挥国家相应职能部门，以及全社会力量构建的德育评价、奖惩和激励体制和机制的总和。狭义的现代德育评价体系，是指一个学校为贯彻落实好国家德育工作规划、任务和目标，确保德育工作落到实处、取得实效而建立的有关德育工作考评、奖惩和激励等工作体制和运行机制的总和。

二、构建现代德育管理和评价体系的理念和基本原则

构建现代德育管理和评价体系，必须满足形势的需要，更新工作理念，同时坚持必要的工作原则。

（一）人文性的德育理念——德育管理和评价的方向性与人本性

只有坚持向把学生培养成为"四有"新人的目标迈进，引导他们树立正确的政治理想，正确的世界观、人生观和价值观，进而促进他们健康成长成才，才能体现出工作的有效性。另外，如果忽视了满足学生的需求，学生可能会失去内在的动力来接受外部道德影响，导致他们与德育之间的距离加大，甚至拒绝接受德育。因此，我们必须坚持以人为核心的工作观念，真正将学生视作德育的核心和基础，将德育目标与促进学生全面成长有机地结合在一起，充分满足学生正当的愿望，善于理解和把握学生的内心，赢得学生的信任，挖掘学生的潜能。只有这样，我们才能真正实现德育工作的最大目标。

（二）科学性的德育理念——德育管理和评价的定量与定性结合

德育是一种综合性的教育，它有自身的科学规律。但同时，德育又是一项培养"人"的工作。因此，在德育管理和评价中，我们要坚持定量和定性的有机结合。定量评价是通过运用数学模型和科学计算技术，对德育情况进行全面的量化评估，

以获得更为可靠的结果。定量分析的优势之一是可以对评价对象进行全面综合的评估。定性评价是指评价者通过对评价对象的整体认知和观察，来抽象地概括其基本属性和特征，而不是进行具体数量上的分析，以便得出一个基于描述性特征而非数字量化的结论。定性评价的优点在于它能够突出评价对象的特点、优势和劣势，使评价更具针对性。

（三）发展性的德育理念——德育管理和评价的形成性与终结性

德育工作处于学校教育的核心地位，它伴随着学生的成长。因此，我们必须用发展的眼光来看待德育过程，既要注重过程中的教育引导，又要注重阶段性的总结，既要注重过程的形成性，又要注重在校期间评价的终结性等。

（四）践行性的德育理念——德育管理和评价的自主性

道德教育的重点在于强调实践性，而非仅限于知识传授。德育教育最好通过行动来体现。认知源于实践，技能通过实践习得，习惯在实践中形成，而价值观则在实践之中构建。学校德育工作应当在强调知识传授、理论教导、理性引导的同时，增强学生的实践能力。因此，要激发学在德育教育过程中的自主性，提高他们的德育教育参与度。

（五）构建现代德育和评价体系的基本原则

1. 全面性原则

全面性是现代德育评价体系的首要原则。它要求评价体系不仅要涵盖学生的思想道德、行为习惯、社会责任感等传统德育内容，还应关注学生的心理健康、法律意识、创新能力及国际视野等新兴领域。通过多维度、全方位的评估，确保德育评价能够全面反映学生的综合素质，促进学生全面发展。

2. 科学性原则

科学性原则强调德育评价体系的建立应基于教育学、心理学、社会学等多学科理论支撑，运用量化分析与质性评价相结合的方法，确保评价结果的客观性和准确性。这意味着在设计评价指标时，需充分考虑学生的年龄特征、性别差异、文化背景等因素，采用科学合理的评估工具和技术，避免主观臆断和偏见，确保评价的公正性和有效性。

3. 发展性原则

发展性原则主张德育评价应着眼于学生的成长进步而非单一的成绩或表现。评价体系应动态调整，根据学生的成长阶段和个体差异，设置不同层次的评价标准和目标，鼓励学生自我反思、自我提升。同时，评价过程应成为促进学生自我认知、激发潜能的过程，通过正向激励和个性化指导，帮助学生树立正确的价值观，形成积极向上的生活态度。

4. 参与性原则

参与性原则强调德育评价不应是单向的教师评价学生，而应是一个多元主体共同参与的过程。这包括学生自评、互评、教师评价、家长评价及社区评价等，形成多元反馈机制。通过增加评价的透明度和学生的参与度，不仅能够提升评价的全面性和准确性，还能增强学生的责任感和自我管理能力，促进家校社共育的良好氛围。

5. 实践性原则

实践性原则要求德育评价体系紧密联系实际，注重学生的社会实践和道德行为表现。通过组织各类社会实践活动、志愿服务、社区服务等形式，让学生在实践中体验、感悟、内化道德规范，同时将这些实践活动纳入评价体系，作为评价学生德育水平的重要依据。这不仅能增强学生的社会责任感和实践能力，还能使德育评价更加生动、具体、有说服力。

三、现代德育管理体系构建的基本内容

总结中华人民共和国成立以来尤其是改革开放以来，我国德育工作实践经验，构建现代德育管理体系，应该包括以下七个方面的内容。

（一）结合实际制定科学的德育目标

德育目标应体现中华优秀传统文化的核心价值观，如诚信、仁爱、礼义等，同时结合现代社会的需求，注重培养学生的社会责任感、创新精神和团队协作能力。德育理念上，应坚持以"立德树人"为根本任务，注重德育与智育、体育、美育的协调发展，促进学生全面发展。

1. 确定学校德育目标的指导思想

我们要以中国特色社会主义理论为指导，全面贯彻党的教育方针，坚持以人为本，遵循高校德育和学生发展规律，贴近学生实际生活，不断提升素质教育水平，倡导和谐人际关系，促进学生成长成才，在德育目标上实现不同阶段的衔接，以更有针对性和吸引力的方式帮助学生健康成长。

2. 确定德育目标的基本原则

第一，我们应坚决将中国特色社会主义理论体系视为引领方向，确保高校德育朝着正确的方向前进。第二，我们必须始终专注于培养具备理想、道德、文化和纪律的"四有"公民，这是我们的首要目标，旨在培养出对社会主义事业有贡献的人。第三，我们的首要任务是支持学生建立正确的世界观、人生观和价值观，以促使他们形成正确的思想道德观念。第四，坚持把学校办学宗旨、办学特色与德育目标相结合。

3. 分层次确定德育目标

我们要深入挖掘中华优秀传统文化的德育资源，如儒家文化中的仁爱、礼义，道家文化中的自然之道等，将其与现代社会的道德规范相结合，形成具有时代特色的德育内容，从而确定德育目标。在生态德育方面，我们可以通过日常生活方式教育、生态道德体验教育、生态德育养成教育，逐步培养大学生良好的生态意识，增强学生的生命意识，健全生态人格、增强生态能力。在公民德育方面，我们在培养大学生公民素养时，要教育引导他们坚持中国特色社会主义，支持在中国共产党领导下实现国家复兴的目标，培养爱国主义情怀和为人民服务的意识，并自觉遵守法律法规和社会道德。在品德教育方面，培养学生提升自身道德修养，勇于奋斗、不畏艰难，积极发掘自己的潜力，促进大学生在身心健康和道德素质上全面和谐地发展。

（二）建章立制构建德育长效机制

做好德育管理工作，除了确定德育目标，还必须制定相应的规章制度，确保德育按既定目标发展，同时也要构建德育的长效机制。以高校德育管理制度建设为例，包括三个方面的内容：第一，高校需要严格遵守并执行国家统一规定的规章制度，如《高等学校教师职业道德规范》《高等学校学生行为准则》《高等学校学生管理规定》。第二，高校在应用到学校的情境中，需要完善和健全一系列规章制度。包括学生工作管理、学习管理、生活管理及奖惩制度。比如，学校内不同部门的德育任务及职责范围，道德教育职责分工，各种德育会议规定，学生的日常行为准则，学生思想品德考核、评估方案，对于思想品德的奖惩措施和规定，以及其他类似的情况。高校应有针对性地在升旗仪式、早操、班会、毕业典礼、学生文明礼仪要求、学生教室宿舍食堂管理、学生干部选举、"三好学生"表彰等方面，形成严格的规章制度。第三，高校应加强制度的宣传教育，严格按规章制度办事。一是经常对相关工作人员进行规章制度教育，以提高他们的自我管理能力。二是对于违反规定的行为，无论涉及何人，都应该公正严肃地处理。三是一旦发现违法行为，必须立即采取行动，不能拖延，以确保及时纠正错误。

（三）加强领导，构建高效管理体制

加强领导，构建高效管理体制，是德育工作落到实处的重要保证。

对于高校而言，其德育工作领导和管理体制应该包括两个方面的内容：第一，学校党委是德育工作的领导者和决策者。党委要定期不定期地研究德育工作，成立德育工作领导小组（或德育工作指导委员会），协调管理全校的德育工作。德育工作领导小组（或德育工作指导委员会）由党委书记、校长担任组长，党委主管学生工作的副书记任常务副组长，主管学生工作的行政副校长任副组长，成员由相关职能部门、教学部门和后勤服务部门负责人组成。其职责是，根据党委工作部署，研究提出德育工作规划、相关制度建设方法、德育管理运行机制，以及各部门单位和全体教职员工德育职责等。并定期不定期地检查德育工作成效，提出改进建议，不断推进德育纵深发展，取得实效。第二，学校党委、行政部门在制订年度工作计划时，将德育工作纳入工作计划中，并将责任分划到相关职能部门、教学部门和后勤服务部门，明确工作责任。学校各部门根据工作责任，建章立制，不断推进"教书育人、管理育人、服务育人"相关工作的具体落实，努力做到全员育人，并通过督促检查，提出整改意见，不断推进德育工作并取得实效。第三，在相关职能部门和教学部门的直接领导下，各教学部门辅导员、班主任、任课教师、分团委、学生会等负责落实德育具体工作。例如，辅导员、班主任，

其主要职责是制订本年级或本班级德育工作计划，及时掌握学生思想动态情况，组织开展专题教育或日常教育，并将工作情况及时汇报给学院或职能部门，以便学校采取相应措施，加强和改进德育工作。

（四）德育向家庭辐射向社会延伸

要积极构建学校、家庭、社会紧密配合的联动德育机制，使德育工作由学校向家庭辐射，向社会延伸。

第一，充分发挥家庭的德育功能。一是需要建立一个科学的机制，使学校、家庭和社会紧密合作，促进德育工作从学校向家庭延伸，再向社会拓展。要充分发挥家庭在道德教育方面的作用。学校应当建立完善的学生家庭信息档案，包括学生的家庭地址、父母的职业信息和主要社会联系等。学校与家长之间需要保持密切联系，以便让家长随时了解学生的学习状况和心理状态。二是开设家庭教育课程，支持家长学习有关的教育知识，树立正确的教育理念。三是加强沟通，搭建家庭学校反馈平台，共同推进德育工作开展。

第二，充分发挥社会的德育功能。一是利用校外分布广泛的德育资源，建立学生德育实践基地，对学生开展道德教育。二是通过充分利用图书馆、文化馆、艺术馆、展览馆、革命纪念馆、名人故居、爱国主义教育基地等场所，来推动德育教育。三是成立社区教育委员会，由街道负责人、派出所所长、社区相关单位领导、专家和家长组成，共同进行学生德育教育工作。我们应该鼓励大学生积极参与社区活动，以促进他们的道德修养和思想道德素质的提升。

（五）狠抓细节，把德育贯穿全过程

1. 在学生成长中体现德育

从学生进校那天起，校方就要制订明确的个人德育工作规划，分析他们的思想道德现状，肯定他们的优秀思想的道德品质，针对他们存在的问题，有针对性地教育引导。创新德育途径与载体，利用现代教育途径，如网络平台、多媒体教学等，拓展德育途径，使德育更加生动、形象、有趣。此外，学校可以通过举办传统文化讲座、展览、演出等活动，让学生在参与中感受优秀传统文化的魅力，增强对传统文化的认同感和自豪感。学校还应加强德育档案管理，把学生的成长进步记录下来，直到离开学校给予最终评价。

2. 在环境建设中体现德育

学校的建筑、环境体现了学校的历史和文化，对学生德育起到潜移默化的作用。校方要加强对学校建筑、文化景观、生态环境等方面的建设，赋予其德育功能，使学生不断受到熏陶，提升道德修养。

3. 在教学过程中体现德育

教师肩负着为人师表、教书育人的重任，要通过自身的一言一行，给学生良好的思想、道德和人格方面的影响。不仅思想政治课如此，其他所有课程，所有教师都要在教学中体现德育，强化德育效果。

4. 在文化活动中体现德育

校园文化活动是德育的一个重要载体，具有多种德育功能，学校应该结合实际，开展各种丰富多彩、寓教于乐的校园文化活动，并尽可能让更多的学生参与，以达到推进德育的目的。

5. 在化解矛盾中体现德育

学校要注意解决好师生的各种矛盾，尤其要着力解决好学生的实际困难，营造积极健康的和谐校园环境，以此积极推进学生日常文明习惯的养成，在这过程中加强德育工作。

6. 在管理服务中体现德育

学校的管理和服务，一方面可以解决学生的实际困难，另一方面可以通过良好的工作效率和奉献精神感染学生，对学生进行有效的德育。因此，高校要强化服务意识、提高服务水平、提升工作效益，发挥管理育人和服务育人功能。

（六）加大投入力度，为建设德育队伍提供保障

第一，学校应该加大必要的德育工作经费投入力度，切实保障德育队伍培训、德育科研、德育课程开发、德育基地建设、德育专项计划、重大主题活动等重点工作的顺利开展。不断改善德育工作条件，加强德育工作场所、设备建设。第二，加强队伍建设。一是要积极选拔优秀人才参与到德育工作中，着力构建学历、年龄、职称结构合理的德育工作队伍。二是加强对思想政治理论课教师的培养，着力提高他们的教育教学水平。三是重视辅导员、班主任等基层德育工作者，从职务职称、福利待遇等各方面解决他们的后顾之忧，提升他们的工作积极性、创造性。四是加强全校教职工培训，让他们掌握德育的基本目标、基本规律和基本内容，以便更好地实现教书育人、管理育人和服务育人。

（七）积极发挥学生主体作用

德育的一大途径就是学生自我修行，这一过程其实就是学生将德育目标内化于心、外化于行的过程。

首先，培养学生的道德判断和辨别是非的能力，帮助学生进行理性思考。道德判断能力的增强基于道德情感、道德意志和道德行为的发展。因而，在培养学生道德判断和分辨是非能力方面，德育应该把这些视为首要目标。其次，注重学习生自主性，致力于融合道德教育和自主学习。道德教育是一个互动的过程，教师和学生共同参与其中，教师的引导和学生的自我反思相结合。只有当学生内化了教育内容，教育才能对他们产生影响。那些能够激发学生自我学习的教育才算得上是真正有效的教育。再次，培养学生对道德教育的认同感。只有让学生感受到道德理念的崇高，体验到幸福，他们才能逐渐从被迫遵守道德规范转变为自愿遵守，进而把遵守道德规范当作自我肯定和自我发展的重要需求，从而自主地接受并遵循这些规范。唯有如此，德育才能被广泛接受。如果学生持续增强对道德价值的内在体验，在接受教育时，就会表现出更多的主动性。最后，注重德育中主体的"个性"。坚持"个性"意味着教师要在德育工作中充分尊重学生的主体性，坚持开展个性化的德育工作，这也是培养具有创造力的人才的逻辑基础和内在要求。坚持个性化的德育工作，鼓励学生发挥自己的主动性，摆脱思想的束缚，是培养创造性人才的起步点。在进行德育时，教师应该根据每个学生的特点量身定制教育模式，让他们能够充分展现个性，同时又能受益于教育。

德育的最高境界是让学生学会自我教育，达到"教是为了不教"的目的。

四、现代德育评价体系的构建

在构建现代德育管理体系的过程中，我们既要尊重并继承中华优秀传统文化的精髓，又要结合现代社会的发展需求进行创新。通过传统与现代的融合，形成的具有中国特色的现代德育管理体系，能够起到培养德智体美劳全面发展的社会主义建设者和接班人的作用。学校德育工作有效开展的重要条件和促进学生德育水平提高的关键都是要建立符合时代要求和教育现代化要求的德育评价体系，这里应该注重以下五个方面的问题。

（一）积极更新德育评价观念

教育者对受教育者进行单方面的品德评定的方式是传统意义上的德育评价。在实际应用中，我们不能忽略传统德育评价过程中的互动性，这是因为德育的实质是思想政治教育者和受教育者之间的一个互动过程。同时，这一过程又受到时代和社会环境的影响，德育是在动态发展过程中进行的。因此，必须建立符合时代要求和教育现代化要求的现代德育观念，树立人本观、发展观、生态观和系统观等。

第一，我们要清楚地知道德育的评价内容和体系是绝对性和相对性的统一体。例如，对学生的政治立场和基本道德规范进行的考核就是普遍适用和不可更改的绝对性内容。而随着社会的发展进步，德育评价的内容、标准、方法都会有所改变，这也就使得评价目的也发生变化，这就是德育评价的相对性。评价的多个因素会在多样的环境中互相交织、融合。因此，我们需要紧跟时代潮流，持续调整和创新评估体系，不断完善和丰富评估的各个组成部分。

第二，需要认识到德育评价是德育进程中的一个新阶段。目前的品德评估过于注重总结性评价，而缺乏对个体发展的持续性评价。通常情况下，一旦教师完成对学生的品德评价并给出相应的分数或等级，评价工作就会告一段落。学生评价结果通常被用来评估学生的表现，并会被记录在学生的学年总结和鉴定记录中。这样通常会让教师忽略利用评估结果来帮助学生审视之前的德育发展阶段，造成不能识别问题和引导学生素质提升的结果。德育评价的重要价值之一就在于促使学生自发地探索学习，持续反思和改进自己，实现终身学习的目标。

第三，要重视学生在德育评价中的主体性。学生是教育教学活动的起点和终点。德育评价旨在达成德育的目标，而德育的目标是培养具备高尚道德品质和政治理念、创新精神、实践能力和完善人格的社会主义建设者和接班人，帮助他们实现全面发展。学生需要通过自己的积极参与，在评价中感受到成功的喜悦和进步的动力，同时发现自己的不足并持续反思和改进，最终实现个人成长的目标。

因此，我们需要尊重和激发学生在道德评估中的自主性，并强调"以学生为本"的教育理念。

（二）确立符合教育现代化要求的德育评价目标

德育的评价一方面要符合社会发展的要求，另一方面也要符合学生自身发展的规律。评价必须能够准确体现个体的客观特征，同时还要具有前瞻性和现实性，使得评价目标更具有层次感。评价的目标要从以下三个方面进行设置：第一，从满足人类社会尤其是我国社会主义建设任务对人才培养的要求角度设置评价目标，并且是最高目标；第二，从培养社会主义事业接班人与建设者的要求角度来设置评价目标，这就要求学生设置好其理想目标；第三，要确定好基本目标，这就要求我们从培养适应社会主义市场经济和社会现代化发展所需要的人才角度来设定德育评价目标。这种层次化的德育评价目标的设定，可以确保德育在实践中既表现出崇高的理想特性，又有一定的可操作性，同时还符合人类社会的发展需求和人性发展的客观要求，体现了尊重和关爱他人的人文精神。

（三）改革德育评价体系的内容构成和评价程序

首先，德育理论学习、学生自主德育实践、学生间互评、教师评价四个方面综合起来才能够得出德育评价结果，这是德育评价内容的构成。学生应更多地参与德育实践活动，并且在评分中所占比例应较高。德育理论学习分、学生间互评分、教师评价分的总和应该控制在总分值的60%以内，具体的分值和比例还是需要学校根据实际情况来定。

其次，德育评价的理论课学分是由思政课、素质课教学等有关课程经过综合分析得出来的。学生德育过程是外在规范和内在自律的结合。德育的教育课程通过理论教育、榜样示范和文化艺术培养等方式，让学生在课程规范中接受教育。随后，学生会逐渐将外部道德规范和素质要求内融于心，形成内在的道德信念和个人素养，从而养成符合规范的行为习惯，使遵循纪律、自我控制等变为一种下意识的反应。

第二，在学生自主开展德育实践活动时，秉承以学生为中心的理念，促进学生更积极地参与评价活动，实行道德教育学分制。根据学生的兴趣、技能和个人特点，划分学分为必修和选修部分。必修部分涵盖学生必须达到的标准，包括集体活动参与、上课出勤、参加劳动等方面的表现。选修课程包括青年志愿者活动、课外科技活动、文体活动及社团活动等自选项目。采用德育学分制替代严格机械的传统的德育评估方式，使考核更具灵活性，更有助于学生的个性成长。

第三，推动学生之间相互评价，不仅能提高学生在德育评估方面的参与度，还能避免传统方式中对量化评价的过度依赖。

最后，关于教师评估。我们要将道德教育方式从教师单方面灌输给学生的模式转变为教师与学生之间双向或多向的互动交流模式，实现双方角色的转化。教师通过评估来启发和引导学生，激发学生的内在潜能，从而提高德育水平。

（四）创新德育评价体系

1. 评价主体的多元化

教师、学生、家长，以及其他社会人士都可以作为评价的主体。学生可以通过自我评价和互相评价来审视自己的道德认知、情感、信念和行为等，以此来正确认识自身的优缺点，提高自身道德水平。此外，多元化的评价还可以增强学生的主体性，使学生积极参与评价过程，充分发挥评价的作用。

2. 评价效果的激励化

我们要从"以人为本"的理念出发，支持评价者和评价对象共同制定评价的内容和标准，共同规划评估方式，重视双方的意见和作用，激发他们的积极性和主动性，使他们的自觉性得到提高。此外，也要鼓励学生在评价过程中积极提出、分析并解决问题，肯定其取得的成就，从而促使其取得新进步。

3. 评价内容的全面化

德育评价需要综合考虑学生的各个方面，强调全面性和整体性。在评价过程中，评价者既要考虑到学生的外在表现，又要注重其内在品质；既考虑当前的表现，又考虑以往的举止；除了审阅考卷和其他资料外，还需考虑到实际操作的情况。

4. 评价过程的愉悦化

以前的德育评价相对来说具有批判性，对此应作出改变，使其转变为积极正面的评价。要更加注重对学生的关注和关怀，将要求转变为建议并进行双方协商。

从学生被动接受评估变成积极参与评估的互动过程。评价者更注重学生品德方面的进步，提高学生对评价的认同感，使其乐意接受评价结果。

5. 评价对象的发展化

将德育评价从过去只关注结果转变为关注整个德育发展过程，即从设定德育目标开始，经过德育活动的开展，最终对德育结果进行全方位评价。这样做不仅可以推动学生在不同方面取得进步，还能激励他们发挥出更大的潜力，从而更好地实现自我发展。每次评价完成，并不意味着结束，而是意味着一个新的起点。

6. 评价方式的动态化

对学生的评价方式不能仅仅是传统的德育科目考试和测试，还可以采用其他多种评价方式，并将评价方式融入日常教育教学中，让评价更加日常化、常态化。

7. 评价方法的科学化

我们要解决传统德育评价中只重视定量评价、忽视定性评价的问题，采用更加科学的、更加实用的、定量和定性相结合的评价方法，构建一个完整全面、层次分明、程序合理、要求明确、评价结果权威的现代德育评价体系。

（五）健全德育评价组织机制

学校应当建立校、年级、班三级德育评价领导组织和具体的工作小组。思想政治工作系统应该由党团部门、学生工作部门组成；教书育人系统由任课教师组成；管理服务系统由行政后勤人员组成；学生自发建立一个自我教育系统；建立校园文化促进教育发展体系。明确系统中每个人员的职责和角色，建立健全的学生德育评估组织机制。

总体而言，建立现代德育评估体系的目的是全面、动态地评估学生的德育情况，激励他们不断提升道德水平，培养正确的价值观和世界观，为我国社会主义现代化建设培养高质量人才。

第五章　优秀传统文化与高校思想政治教育

本章对优秀传统文化与高校思想政治教育进行研究，内容分别为优秀传统文化与高校思想政治教育融合现状分析、优秀传统文化与高校思想政治教育融合的价值意义、优秀传统文化与高校思想政治教育融合探索。

第一节　优秀传统文化与高校思想政治教育融合现状分析

当前，我国高校主要是通过理论课教学的方式来对学生进行思想政治教育。但就与中华优秀传统文化的融合来看，主要表现出两方面的问题：一是高校对中华优秀传统文化的重视度不足，二是思想政治理论课没有合理地插入中华优秀传统文化内容。

一、优秀传统文化与高校思想政治教育相融合的进程

（一）社会各界对于融合发展的历史沿革

在高校思想政治理论教育方面，在教学内容中加入优秀传统文化元素，这一举措是一种创新。一些社会文化界的大师通过撰写文章、办优秀传统文化讲座等方式，十几年来一直宣扬优秀传统文化。为了更好地将中华优秀传统文化渗透到高校思想政治教育之中，各界开展了相关的活动，并且在期间用充满趣味性的方式传播中华优秀传统文化知识，激发了高校学生对优秀传统文化的兴趣。

自党的十八大以来，实现中华民族伟大复兴成了每一个中国人的梦想，无论从事什么样的职业，大家都为中国的强盛而自豪，而一个强大的国家，也必须要有强大的文化软实力，建设文化强国自然成了重点。高校是社会文化传播的前沿

阵地，高校思想政治教育工作也迎来了新的挑战和任务；中华优秀传统文化是中华民族的"根"和"魂"，越来越多的人认识到其在精神文明建设中的重要作用。思想政治教育作为意识形态建设的一部分，它和中华优秀传统文化的融合已经是大势所趋。

（二）各大高校关于融合中华优秀传统文化发展所作的努力

1. 复旦大学通识教育

通识教育作为教育之中的一种类型，它与中华优秀传统文化教育是不可分割的。复旦大学作为一所具有深厚文化底蕴的高校，在通识教育基础上不断加深中华优秀传统文化教育。由于中华优秀传统文化本就包含着爱国爱民、道德立身的思想，以中华优秀传统文化教育为桥梁，可以加深爱国主义教育和道德教育等方面的关系，协同发展，使学生成为优秀的社会主义接班人。

优秀传统文化为复旦大学开展通识教育提供了依据，校方由此成立了通识教育中心，使高校学生获得了多维度教育。

2. 湖南大学文化教育传统

湖南大学起源于岳麓书院，是一所拥有悠久历史的高校，在中华优秀传统文化教育方面具有得天独厚的优势。湖南大学将中华优秀传统文化传承放在了首要位置，学生入校第一步就是了解岳麓书院所具有的文化底蕴，学校还开设了"中华传统文化与古代书院"这一门课程。另外，学校还通过传统上墙的办法，做到了将优秀传统文化进行固化，将优秀传统文化渗透到师生生活学习之中。湖南大学没有强硬地灌输大师风范和赤子情怀，采用的是"润物细无声"的教育方式。

3. 武汉大学特色文化教育道路

武汉大学以中华优秀传统文化教育为基础，积极探索和发展高校学生思想政治教育工作，逐步形成了独具特色的道路。首先，武汉大学通过组织规划和活动管理等方面的支持，为优秀传统文化相关的学生社团的建设提供了助力，从而有效保障了中华优秀传统文化教育的开展。另外，武汉大学依托悠久的人文传统，结合多样化的现代教育方式进行专门规划和科学引导，通过持续努力，武汉大学传统文化类社团取得了显著进步，举办了诸如"樱花笔会""红楼论坛"等活动，都具有一定的知名度，并且具有很强的教育效果及影响力。

4.东北师范大学文化传统课程设置

东北师范大学为使中华优秀传统文化深入课堂,,实施了一系列措施。首先,开设了一系列选修课程,如"国学概论"等。其次,采用考试、组织社会实践等方式帮助学生加深中华优秀对传统文化的了解。最后,以东北师范大学文学院为中心,开展了经典阅读计划,并且取得了不错的反响。

5.其他院校系列文化活动

许多高校为了促进思想政治教育方面与中华优秀传统文化方面的融合,积极开展了一系列活动。虽然这些活动取得了一定的成就,但就整个中国高校在两者融合的现状上来讲,受到诸多因素影响,两者的融合度程度不高。各高校在未来还需要对两方面的融合模式不断探索,在其结构层次上加之民族特点、时代精神,作用于思想政治教育体系,可以说这是教育者和相关工作者义不容辞的责任。

二、中华优秀传统文化在高校学生思政教育中的现状

中华优秀传统文化历史悠久,博大精深,对于中华民族来说,它既是精神纽带,又是一种心理支撑和发展动力。但是目前中华优秀传统文化教育的断层和缺失现象已经愈加明显。

在中华优秀传统文化与思想政治教育方面,我国对两者的研究发展不平衡。第一,传统文化目前已经进入到细节化的研究阶段,众多学术团队对中华优秀传统文化研究的部分成果已经逐渐产生很大影响。第二,思想政治教育的研究发展正值过渡阶段,正由学科化向科学化过渡。关于思想政治教育的构成,诸如理念、载体等方面,则处于刚刚起步的探索阶段,与系统化的形成还有一段距离。第三,在思想政治教育文化环境方面,我们目前对其的研究正是起步阶段,取得的成果不多。

在我国改革开放之后,文化多元化的冲击带给学生一些困惑与迷茫。一方面,部分学生不仅出现了自我意识膨胀,还出现了价值取向偏移等方面的问题。另一方面,高校学生群体中逐渐出现了忽视中华优秀传统文化的现象。具体来说,中华优秀传统文化在高校学生思想教育中的现状体现在以下几个方面。

（一）学生对中华优秀传统文化认知程度不高

高校学生对中华优秀传统文化的认知较为薄弱。在针对高校学生进行的关于优秀传统文化书籍阅读情况的调查中，只有不足十分之一的学生读过部分四大名著，从未读过的学生也为数不少，经史子集方面的图书更是乏人问津。通过相关调查得知，在高校学生的群体之中，大部分人对古往今来的思想家及其学说知之甚少，在有所了解的学生之中，大部分也只是简单地知道，多数是缺乏深入研究的。

高校学生重视的是一些应用性强的知识，传统文化在他们看来是没有办法给他们带来经济价值的。社会调研反馈，目前高校毕业的学生无论是在计算机、外语，还是在业务基础理论方面，均具有相对较强的能力，但是学生在社会及工作责任感方面，却出现短板，用人单位针对这种现象，将其总结为文化水平不低而素质却不高。我们通常所说的人文素质，是指一种内在的品质，既包括知识、能力、观念，还包括情感、意志等，这些因素彼此联结，外在的表现就是常说的人格、气质和修养。中华优秀传统文化的作用就体现于此，不仅能够陶冶情操，还能够将文化素养浓缩于高校学生内在，使其转化为稳定的气质、修养和人格。

在调查高校学生对于中华优秀传统文化的看法时，大部分学生对中华优秀传统文化表示肯定，认为优秀传统文化所起到的作用不容忽视，有助于学生更好地迈向社会；约有四分之一的学生消极地认为，中华优秀传统文化对于自身发展没有什么实在好处；还有小部分学生认为，中华优秀传统文化与自身无关。尽管大部分学生对中华优秀传统文化是具有认同感的，但可惜的是仍有将近三分之一的学生，在认识与热情上有所缺乏。

（二）学生对传统文化的情感认同不足

1. 对传统节日的认同不足

在构建和谐社会的进程之中，制度完善与人际和谐占有非常重要的地位。中华优秀传统文化的精髓，一方面是来自中国人在制度和道德方面所形成的独特理解；另一方面是经过漫长历史的不断实践而总结出来的，并将历史的传承浓缩于中国传统节日之中，如清明节、端午节等节日。

当前，我国非常重视传统节日，许多传统节日已经被列为法定节日。随着时代的发展，国际的交流愈加频繁，在文化方面就表现为西方节日受到了高校学生的追捧。在广受青年学生欢迎的爱情类节日方面，学生们对中国传统节日七夕节的关注程度与对西方情人节的关注程度仍相距甚远。

2. 对传统文化因素的认同不足

学习国学知识，不仅能够使高校学生了解我国的优秀传统文化，还能够激发他们的民族自豪感，增强他们的民族自信心。

自西方文化流入我国以来，西方思想所秉承的个性及我行我素思想，不断影响着我国最善于接受新事物的高校学生这一群体，使得传统文化中所蕴含的优秀思想逐渐被忽视。这种局面直接阻碍了优秀传统文化的传承和发扬，也为高校思想教育带来了不利影响，使其未来的发展方向模糊不清。甚至部分高校学生并不能对"先天下之忧而忧，后天下之乐而乐"等包含着优秀传统文化处事精神的名句有清晰且准确的认识。

所以作为培养人才的高校，不仅要传授学生相应的理论知识，培养实际应用能力；还要重视高校学生在文化素养方面的教育，提高学生的文化素养。

（三）中华民族的传统美德体现不足

我国历来是非常重视道德教育的，在重视增加知识的同时，也教人成为有德行的人。我国当前处于社会的转型期，再加上社会各界均受到多元文化的影响，不仅导致我国传承已久的优秀传统文化失去了权威，还模糊了社会价值判断标准，影响我国高校学生的价值观。

当前，部分高校学生不仅缺乏集体主义精神，而且社会公德意识也十分淡薄，另外，心理素质也比较差。主要表现在三个方面：第一，在高校学生思想意识方面，部分学生注重自我价值的实现，并且将之放在核心位置，忽视了社会、集体的价值。第二，在物质和精神关系方面，部分学生在机会和发展层面过于短视，局限于安稳的生活，追求较高的经济收入，将实用主义奉为人生信条，忽视了社会责任感，甚至还出现了极端个人主义的现象。第三，在索取与奉献关系方面，部分学生只强调索取，并且持有个人贡献与社会索取等价的观点。在高校学生群体中还有部分学生急于求成，不仅缺乏敬业意识，还存在理想追求淡化的现象。

综上所述，高校学生存在的问题可以划分为四个方面：重个人轻集体，重实用轻理想，重利益轻奉献，重等价交换轻付出。在传统道德方面，主要表现为忽视"师"道和"孝"道，一方面，表现在以自我为中心；另一方面，不懂得尊重师长、父母，并且还会与他们产生冲突。

（四）获得传统文化知识的途径有限

为了实现推动学生了解中华优秀传统文化，很多高校开设了中华优秀传统文化的选修课程。但是从学生的角度来讲，他们选择这些课程的主要目的是获得学分，为了兴趣而参与到课程中来的学生并不多，所以课堂教育产生的效果有限。在信息化飞速发展的今天，学生要获取优秀传统文化知识，所能选择的途径还是非常多的，如课外阅读、媒体等。例如，《百家讲坛》就以别具一格的讲授方式，受到了广大高校学生的欢迎。还有一些现代信息交流网站及视频用更新颖的形式宣传传统文化，也很受高校学生青睐，对学生起到了一定的吸引作用。针对高校学生，在优秀传统文化知识获取途径方面，高校应提起重视并且不断地进行拓宽和深入发掘，只将教育重心放在课堂，已经难以跟上时代的发展了。

（五）优秀传统文化与高校学生思想政治教育的融合氛围有待优化

生活是传统文化最好的归宿，只有让传统文化融合大学生的实际生活，才能散发鲜活的生力，实现润物细无声的教育。通过实地走访发现，在优秀传统文化融合过程中隐性教育的作用并不明显。

首先，校园文化氛围不明显。尽管高校在教学设施方面投入了大量的资金，改善了大学生的学习生活环境，但是高校侧重于改善能够立竿见影的物质条件，如教学设施、宿舍条件等，并没有对精神文化建设投入应有的资金，甚至教学楼的名字也仅以数字命名无法在校园中感受到传统文化。此外，校园广播和宣传栏是非常有效的教育和宣传方式，但是大多数高校的校园广播多是播放国内时事热点、天气预报、音乐等等，宣传栏里也放满了各种通知单、失物招领、小广告等等，广播和宣传栏并没有得到充分的利用。

其次，学生不仅仅是学校的一分子，也是社会和家庭的一分子，因此，社会和家庭的传统文化氛围也对二者的融合效果产生不可忽视的影响。第一，从社会来看，市场经济的快速发展、多元价值观的出现，使得部分商家、单位、杂志等出现"一切朝钱看"的扭曲价值观，忽略了传统文化的传承，甚至最贴近人们生活实际的春节，中秋节、端午节等传统节日，也变成了商家开展促销的手段，逐渐失去了人文情怀的文化底蕴。韩餐、日料、麦当劳等快餐变成了网红餐厅，吸引大学生竞相打卡，而青团、粽子、月饼鲜少有人问津。如今荧屏上活跃的通常是户外竞技、对阵任务等惊险刺激的全明星综艺，微博热搜、抖音推送不是明星鸡毛蒜皮的小事就是哗众取宠的行为，大学生的文化需求逐渐被快娱乐麻痹，这些都对传统文化在社会范围内的传播产生了阻碍作用。从家庭来看，有些家长传统知识文化水平低，无法很好教育子女学习传统文化，甚至一部分家长对待传统文化持无用论，认为传统文化不能产生经济价值，没有传承传统文化的必要。也有部分家长的教育理念不正确，认为教育是学校的专属任务，只要把子女送到学校就可以做甩手掌柜，没有承担起教育子女的责任，另外，父母自身忙于工作，陪伴孩子时间太少，更没有闲情逸致学习传统文化，无法起到应有的模范和榜样作用。

（六）优秀传统文化与高校学生思想政治教育的融合形式有待创新

首先，教育模式传统。在大学生思想政治教育过程中，大部分教师依然占据主导地位，这种"教师讲、学生听"的课堂缺乏互动使得学生的积极性主动性不高，无法真正参与到课堂中，从大学生本身来说，他们拥有强烈的求知欲、丰富的想象力以及热衷于新鲜事物，并且成长于互联网时代，单一的教学方法无法激发学习兴趣并调动其积极性，难以产生良好教学效果。假如大学生一直被动地接受教师的理论灌输，则会使得大学生的发散性思维和创新意识受到制约，学生的主体性地位无法凸显，甚至产生逆反心理，授课效果大幅下降。

其次，教师的教学手段仍然比较单一。大多数教师在课堂中运用多媒体课件，向学生展示有关图片、视频，虽然相比以往有所进步，但还是没能充分将多媒体与教学内容有机结合，甚至部分教师片面强调多媒体课件的作用，而完全依赖于多媒体，忽视了板书语言等其他教学手段，从讲知识变成了读课件，学生对教师的教学能力产生怀疑，进而影响教学效果。

再次，实践力度不足。通常提到教育，人们第一反应便是课堂忽略了实践才是教育最深刻的方法。尤其是高校的传统文化教育没有发挥第二课堂的作用，对优秀传统文化实践活动的开展不够深入，教育过程仅仅是课堂讲授，忽视学生在校参加的形式多样的课外活动，没有学生自身的体验和实践，这样的教育缺乏多元性和生命力。部分高校将社会调查、实践探索纳入期末考核之中，以督促学生参与传统文化的实践活动，但是教师没有时间和精力监督学生难免使活动流于形式。在学校的社团活动中，通常是开展得如火如荼，但是形式大过内容，并不能真正学习到传统文化知识、体会传统人文情怀，而且活动多有雷同又受众面小，只针对对传统文化感兴趣的大学生，无法调动全校学生加入到活动中来，在提升大学牛对传统文化的兴趣上没有起到应有的作用。

最后，未能充分利用新媒体。随着互联网的迅速发展，网络已成为大学生接收信息最主要的方式，抖音、微博、哩哩等社交软件占据了大学生的闲暇时间，无论是在课堂还是课下，都变成了"低头一族"，互联网渗透到大学生生活的方方面面，并发挥着细微而不觉但深远持久的影响，因此，必须充分运用新媒体手段推进二者的融合。当前，高校都建立了官网、微博、微信公众号等网络平台，但是，输出内容以日常打卡、校园新闻、校友事迹等为主，缺少传统文化知识，少部分高校官博采取了选择投票的方式设置传统文化相关问题，学生轻轻一点就能进行答题，这一方式极大增加了学生的互动频率，但是大部分高校仍以图片、文字来输出内容，学生的互动量低，网络这一传播渠道未能得到充分利用。

（七）优秀传统文化与高校学生思想政治教育的融合力度不够

课程教学是中华优秀传统文化最直接、最基本的教育方式，教育部在2014年就强调要推进中华传统文化融合教材和课程以加强大学生的中华优秀传统文化教育。从实际情况来看，融合课程的力度有待加强。

首先，融合内容不全。在大学生的思想政治教育必修课中，每一门课程都与传统文化具有千丝万缕的联系，但是仅有"思修"教材涉及传统文化的内容，其他课程教材则较少提及传统文化，思想政治教育的教材与传统文化未能实现有机结合。中华文化包罗万象内容极其丰富，由于时间、资源等限制无法一一铺展，因此，必须选取具有大学生思想政治教育功能的内容，而在高校开设的传统文化相关选修课中，以语言、文学、历史为主，与大学生的生活实际距离较远，关于古代人文修养、道德教育、生活交往内容较少，不利于大学生与传统文化产生情感共鸣、获得道德启示。

其次，课程有限。尽管高校都会开设传统文化相关课程，但是与丰富多样的艺术类、外语类等课程相比，中华优秀传统文化相关课程就显得种类有限，而且在高校课程设置中，中华优秀传统文化课程大部分为选修课，供学生自由选择，其广泛性和覆盖性不高这使得优秀传统文化教育没有涉及全体大学生。该课程的学习不具有强制性，教师和学生对其重视程度都不高，这就使得传统文化无法人耳、人脑、人心，而且选修课考察方式也较为简单，导致运用传统文化对大学生进行思想政治教育收不到预设效果，也就难以实现原有课程设置的意义。

（八）优秀传统文化与高校学生思想政治教育的融合效果不显著

推动中华传统文化融人大学生思想政治教育不仅仅是为了促进大学生传承中华文化，更是为了用优秀传统文化涵育、滋养大学生的道德情操和价值追求。从实际情况来说，优秀传统文化的融入工作并未取得明显的效果，表现在：一方面，大学生的道德素养不高。

在中国改革开放和社会主义现代化建设不断推进的过程中，中西方各种思想相互激荡，良莠不齐的信息涌入了人们的日常生活，日益冲击着大学生尚未成形的世界观、人生观以及价值观，部分大学生的传统美德观念受到削弱，道德素养有所欠缺。一是诚信意识缺失

总体来说，我国大学生的诚信意识还是比较强的，但受社会不良风气的影响，部分大学生也开始投机取巧、欺上瞒下，比如考试作弊骗取助学金，简历作假等现象屡见不鲜。二是理想信念模糊。大部分学生从严格的高中环境中解放出来，忽然变得自由，并不知道自己想要干什么、适合干什么，只是随波逐流地考研、考公，也没有意识到自身所承担的社会责任，得过且过又极易陷人焦虑情绪。三是传统礼仪缺失。礼仪体现的是对别人的尊重和自身的修养，是社会文明程度和思想觉悟的象征。由于当代大学生多为独生子女，从小受到长辈的溺爱，将传统礼仪认为是对自我个性的限制，对待传统礼仪麻木，如见到朋友不打招呼、上课跷二郎腿、随地吐痰等不文明现象频繁发生。另一方面是大学生对待中华优秀传统文化"知行不一"。目前，尽管大学生对优秀传统文化持高度认同态度，但是，只有部分学生愿意学习、传承传统文化，致使传统文化认知程度不够，他们身上存在着认同度高但认知度低、认同但不践行的尴尬局面。据调查显示，大学生在

业余时间会倾向于选择专业课学习逛街购物、游戏电影、打工兼职等活动，而对传承传统文化不太感兴趣。甚至和生活息息相关的传统节日，部分大学生也缺乏应有的重视，随着现代社会互联网的发展和生活水平的提高，大学生的生活方式和文化消费日益丰富多样，不可避免地弱化了他们对传统文化的关注。另外，大多学生都倾向实用主义和功利主义，尽管认同传统文化的重要价值，却在实际中认为外语和计算机这一类应用型的知识在个人发展中更加重要，忽视了中华文化的深远影响。

第二节　中华优秀传统文化与高校思想政治教育融合的价值意义

积淀了中国五千年历史的中华优秀传统文化是我国宝贵的文化财富和文化遗产。中华优秀传统文化在当代大学生的"三观"建立、道德操守的坚守、社会主义理想信念的坚定，以及爱国主义精神的培养中都起到了重要的作用。

一、中华优秀传统文化的多重价值

（一）中华优秀传统文化的当代价值

民族创造了文化，文化也可以作用于民族和个人。从国内外的文化发展趋势来看，中华优秀传统文化的价值不仅具有世界性，还饱含民族性和个体性。

1. 中华优秀传统文化对个人的价值

每个中国人都能够从中华优秀传统文化中吸收到文化知识，这就是中华优秀传统文化对个人的价值。

从文化内涵的角度来看，中国倡导的是"观乎人文，以化成天下"[①]，换句话说，就是"文治教化"。中国传统文化起到了引导人们思想意识、规范人们行为习惯、维护各民族之间关系的作用，对人们的社会规范、人格思想、生活习惯都有深远的影响。就此意义来看，文化对人"三观"的形成有着巨大的影响，且不

---

① 许苏民. 人文精神论 [M]. 武汉：湖北人民出版社，2000.

易察觉。与此同时，文化还有同化作用，可以让人们在日常生活中形成大致相同的是非观、善恶观、审美观和价值观等，从而促进人类相同的价值取向的养成。

中华优秀传统文化中的人生观和价值观都包含着帮助人类建立正确三观的积极因素。当我们离这些优秀传统文化越来越近，就可以真实地感受到其"润物细无声"的教育作用。

2. 中华优秀传统文化对民族、国家的价值

（1）中华优秀传统文化对民族的价值

文化包含着民族强大的凝聚力和顽强的生命力，将民族的归属感和认同感完全呈现出来，它是一个民族的灵魂。文化为人类文明的进步作出了巨大的贡献，对中华民族性格的塑造和民族精神的形成起到了至关重要的作用。我国民族性格分为两种：一是包罗万象的宽广胸怀，二是自强不息的人格品质。也正是由于这两大民族性格，中华民族才可以不断发展壮大。

中华优秀传统文化是中华民族精神的基础，孕育了中华民族精神。

在五千年文明史中，中华民族形成了爱好和平、自强不息、团结统一，以爱国主义为中心的崇高民族精神，这一民族精神是在长时间的生活和实践中产生的，其博大精深的内涵生动形象地将中华民族创造力、生命力和凝聚力呈现出来。

（2）中华优秀传统文化对国家的价值

①有利于培养社会主义核心价值观。社会主义核心价值观的主要内容包括富强、民主、文明、和谐，自由、平等、公正、法治，爱国敬业、诚信、友善。这些内容都是经过漫长的发展才形成的，蕴含着整个民族的文化底蕴和思想追求，与中华传统文化中尚和合、求大同，讲仁爱、重民本，守诚信、崇正义等道德规范高度契合。

②有利于加快国家治理体系的建成和治理能力现代化的实现。国家治理体系，是国家在经济、社会等各个领域颁布的规章制度的总和；国家治理能力，是利用国家制度有效管理社会事务的执行能力。国家治理体系和治理能力是一个整体，二者相辅相成。加快国家治理体系的建成和治理能力现代化的实现是国家深化改革的总目标之一，而要想实现这个目标，离不开中华传统文化中深厚的文化积淀。

③有利于更好地发展中国特色社会主义。中国共产党将我国传统文化与实际国情同马克思主义基本原理相融合，得到了中国特色社会主义，这一成果实现了

道路、理论和制度三大方面的统一。

中国特色社会主义有非常扎实的实际情况作基础，它拥有不可磨灭的中华文化的烙印，具有深厚的历史文化底蕴。换句话说，中华优秀传统文化为中国特色社会主义的产生和发展打下了非常坚实的基础。我们要深刻地认识到中国特色社会主义的发展离不开我国的历史文化底蕴和基本国情。

中华优秀传统文化，是不断增强道路自信、理论自信、制度自信、文化自信，以及坚持走中国特色社会主义道路必不可少的元素。

（二）中华优秀传统文化在大学生思想政治教育中的价值

1. 重塑大学精神

中华优秀传文化对重塑中国大学精神具有至关重要的借鉴意义。中华优秀传统文化是重塑中国大学精神的理论源头，从"思想自由，兼容并包"的北大校训，再到"自强不息，厚德载物"的清华校训，以及后来"允公允能，日新月异"的南开校训，这些校训将中华优秀传统文化的中心思想很好地体现出来。

中国教育现代化与大学教育国际化得益于中华优秀传统文化。中华优秀传统文化所蕴含的思想情感作为重要的教育素材，培育出了一代又一代优秀的中华儿女。中华优秀传统文化有利于培育大学生的民族精神，增强大学生的心理素质，不断提升大学生的思想道德境界，帮助大学生成为综合发展的全面型人才。

2. 增强大学生文化认同

中国文化发展史中一直存在文化多元并存与同化融合。正是有了少数民族的文化进入中原，与中原文化的交融碰撞，才有了现在灿烂的中华优秀传统文化。多元化与一体化，作为中国文化发展史上的两条主线，是中华民族文化中的永恒主题。

当今社会，伴随着全球化的深入发展，中华优秀传统文化的多元化发展也面临着全球化的挑战与冲击。例如，以西方现代化为主的文化正在全球范围内渗透，对广大青少年的影响尤其明显。很多青少年热衷于美国的英雄主义，忽视了中国的传统文化，喜欢过圣诞节与情人节等西方节日，忽视了中国的传统节日。如今，随着各种媒体的广泛应用，很多学生已经忘记了汉字的笔顺了，甚至已经到了提笔忘字的程度。这种现象反映了在多元文化交融过程中中华优秀传统文化的缺失。

学习西方文化，必须立足于中华优秀传统文化，不能抛弃中华优秀传统文化。只有加强对优秀传统文化的认同，才可以更好地面对西方文化的冲击与渗透。中华民族作为一个主体，需要不断地吸收、借鉴优秀的文化，才能有更好的发展，但并不意味着要放弃自己的独立性，要学会兼收并蓄，保持本民族文化的优势与特点，这样才可以持续地发展。

3. 是践行社会主义核心价值观的动力源泉

社会主义核心价值观是从国家、社会、个人三个层面提出的，是立足于中国传统文化之上的。和谐社会是人们从古至今向往的理想社会。构建和谐社会也是国家的价值目标。不论是社会主义核心价值观还是中国梦的重要指导思想，都根植于中华优秀传统文化。中华优秀传统文化是我们践行社会主义核心价值观、实现民族复兴中国梦的动力源泉。

二、中华优秀传统文化与高校思想政治教育相融合的必要性

（一）思想政治教育自身发展的内在要求

人类所进行的一切活动都与他们所处的文化环境息息相关，而思想政治教育的主要目的是"育人"，因此围绕它所开展的一系列教学实践活动也都离不开文化环境。从本质上来看，思想政治教育就是为国家与民族创造一个思想支柱并滋养人们的灵魂。

自中国共产党成立以来，我国人民就在不断地探索、研究，我国所有有关思想政治教育的事业，都以马克思主义为指导方向。但是马克思主义是来自中国本土之外的一种学说，虽然它已经突破了地域的限制，打破了民族的束缚，成为"放之四海而皆准"的一种理念，但是它不可能为中国革命与建设事业直接提供方案和策略。

中华民族在数千年的文明演讲中，已经拥有深厚的历史底蕴，同时形成了历经千年发展但从未间断过的中华优秀传统文化，我们从全国人民的日常生活、思维方式、道德规范中都能看到中华优秀传统文化所带来的巨大影响。所以，中国

的思想政治教育必须尊重千年传承下来的中华优秀传统文化，其文化底蕴、思维模式及价值取向等方面都值得学习、借鉴。只有这样，我国的思想政治教育事业才能在马克思主义的指导下实现进一步的创新发展。

（二）"文化自觉"的要求

"文化自觉"的基本要求就是深刻认识文化地位作用、正确把握文化发展规律、主动担起发展文化的历史责任。一个民族"文化自觉"能否实现，与民族有没有客观地评价和对待自身的传统文化，有着密不可分的关系。

中华优秀传统文化在世界文化中是独一无二的，它经过数千年的发展、演变，并且未曾间断。它不仅具有将中华民族与世界上其他民族区别开来的鲜明民族特征，也体现了中华民族对人类文明的发展所作出的伟大贡献。人们只有在接触并深入了解中华优秀传统文化之后，才能深刻地体会到其中所蕴含的历史底蕴，了解到我们从何而来，并对我们未来的生活加以规划。与此相反，如果我们没有认同、深入了解过中华优秀传统文化，我们必将失去对其的认同感和归属感，甚至出现精神迷失的情况，很容易造成中华民族的文化断层或文化"无根"现象。

（三）形成和发挥文化软实力的基本保证

软实力是相对于政治、经济、军事等硬实力来说的。硬实力是有形的、可以量化的、表现为物质力量的实力。文化软实力是靠文化的魅力起到的看不见的作用，是不显眼却十分重要的一种实力。它是鼓舞力、凝聚力、价值观、影响力、吸引力、道德标准这些精神力量的体现。文化决定着软实力的发展方向，文化渗透在软实力之中。中华优秀传统文化对国家的统一、国力的强大、民族的团结、人格的修养、社会的和谐发挥了重要的作用。如果我们只重视硬实力而不重视软实力，就会导致民族精神的溃散。所以，只有重视并提高文化软实力，才能造就和谐发展的社会，才能凝聚我们的民族魂。

民族特有的民族文化发源于人民。不同的民族展现出了不同的价值观、道德观。不同的民族也有着不一样的风俗特征、思维特征、生活方式。每个人的内心都存在着从传统中继承而来的心理特征，民族精神等。中华民族重视伦理道德，注重教育。文化软实力对我们的世界观、人生观、价值观的影响也是潜移默化的。

好的文化可以引领社会风尚、引领思想观念、提升人们的道德情操。传统的教育精神流传至今，如今的思想政治教育同样暗含着这些特征和文化精髓，文化软实力也得以通过思想政治教育的形式展现。

（四）探索思想政治教育新路径的必然选择

文化是思想政治教育的灵魂，在思想政治教育中起主导作用。但是随着知识经济时代的到来、现代技术的飞速发展、教育现代化的加速推进、文化多元化的快速演变，以及互联网的普及运用，社会生活越来越丰富，信息来源越来越广泛，人们的物质和精神需求发生了很大变化，思想状况也伴随社会的发展和时代的变迁而变化。这就给思想政治教育工作带来了一些新的挑战。

一方面，很多高校思想政治教育的方式还比较单一。比如单纯地采用教师在上面讲，学生在下面听的灌输教学模式。这种教学模式很容易让学生感到厌倦和反感，讲授的内容一般不会太深入，而且也没有积极地与社会发展和生活实际相结合，不能让学生解决真正遇到的实际问题。这种教育方式不仅没有起到中华优秀传统文化对学生们的潜移默化的教育作用，而且还容易使学生对中华优秀传统文化及思想政治教育感到厌烦，更不用说起到凝聚民族精神，促进自身和社会发展的作用了。

另一方面，随着世界各国之间经济文化的交流，世界各国人民交往活动日益密切，东西方文化的相互碰撞也日趋频繁。不同的生产方式、价值观念相互认同、相互渗透、相互吸收。但很多大学生没能先认清各种思想文化的本质，人生观、价值观就受到了影响，变得只重视功利，只重视技能提升带来的实际好处，只注重自己的感受，缺乏基本的信仰，不重视自身道德和修养的提升，不愿意再去继承和发扬艰苦奋斗的精神等。高校是人才培养的重要基地，要真正做好思想政治教育工作，真正让中华优秀传统文化的精华在教育工作中发挥更大的作用。高校的思想政治教育工作需要使教育对象更加个性化，教育内容更加充实，教育渠道和方式更加多样。在不断变化着的局势面前，高校思想政治教育工作需要凭借敏锐的洞察力和超前的思想牵引力不断研究新情况，把握规律，积累成功的经验，总结新的经验，增强工作的针对性、实效性，始终贯彻以人为本的科学发展观，彰显人文关怀，以尊重人、关心人为前提，以引导人、塑造人为使命，做到高校思想政治教育模式的真正完善，使高校思想政治教育工作与中华优秀传统文化的结合更加合理、更加有效，真正担当起历史赋予的重任。年轻大学生作为未来国家的栋梁和未来人类的希望，也应该认识到，学习绝不是消极地、被动地接受外界和他人的塑造和教育，每个人都应自觉、积极地去支配自己的生活，主动地提升自己的修养，积极地探索真理，寻求自身的良性发展，并且将学到的知识真正地运用在实践中。

三、中华优秀传统文化与高校思想政治教育相融合的可能性

（一）价值观的契合之处

中华优秀传统文化与思想政治教育的目标都是提高人的思想道德素质，二者目标是一致的。另外，二者在教育内容方面也有很多相似、相同的地方。中华优秀传统文化与思想政治教育之间的联系，为二者的完美融合创造了可能性。

社会主义核心价值体系的中心思想是社会主义核心价值观，它所包含的内容有自由、平等、公正、法治，爱国、敬业、诚信、友善，富强、民主、文明、和谐。自由、平等、公正、法治是从社会角度提出的要求，这也是社会主义核心价值观在价值导向上的法则，将社会主义社会的独特属性完全体现出来，是我们始终遵循的核心价值观念；爱国、敬业、诚信、友善是从个人的角度提出的要求，是社会主义核心价值观在道德要求上的法则，反映了人们道德习惯和社会主义理想的基本特征；富强、民主、文明、和谐是从国家角度提出的要求，是我国在社会主义初级阶段的奋斗目标。这三个从不同角度提出的要求是我国思想政治教育的指路明灯，要求建立"以人为本"的教育观念，将思想政治教育的传统理论进行全方位的更新，要求我们在思想政治教育具体操作中要以自身的发展需求为基础，以社会主义核心价值观为教学内容，教育方法要做到尊重个体差异，教育途径要吸收隐性教育的好处等。

中华优秀传统文化是中华文明的结晶，它经过了五千多年的历史演变，形成了一种能体现民族特点和风采的民族文化，其内容博大精深，包含谦虚有礼、崇德尚贤、宽容大度、重公重义、求真务实等多样的价值理念，这也恰恰是我国目前社会主义核心价值观的主要观念源泉之一。

（二）目标的一致之处

我国思想政治教育最基本的目标是实现人的自由快速发展，提升人们整体的道德素养，鼓励人们为中国特色社会主义的建设和共产主义的真正实现而努力拼搏。这一目标包括两方面的具体内容：一是我国思想政治教育的内在目标，提升人们的道德素养，让人们都可以具备良好的思想道德素质，比如强烈的事业心、责任感、健全的人格和高尚的理想等；二是我国思想政治教育内容的终极目标，也就是全面实现人类的自由发展。这两个方面不仅组成了我国思想政治教育的基础目标，它们也是思想政治教育的血脉与灵魂，对思想政治教育的发展方向产生了直接影响。

作为一种崇德尚贤的理论型文化，中华优秀传统文化讲究以德育人，重视伦理道德。我国思想政治教育以共产主义为主要前进方向，不管是为了实现人的自由快速发展，还是提升人类的思想道德素养，其最终目的都是鼓励人们为了中国特色社会主义的建设以及共产主义的实现而奋斗。同时，这也说明了我国思想政治教育的基础属性就是政治属性。

中华优秀传统文化也非常重视培养个人与家族、社会的社交能力，注重"修身、齐家、治国、平天下"。中华优秀传统文化培育"格物、致知、诚意、正心"之人的终极目标中就蕴藏着的"治国平天下"的政治属性。所以，我国思想政治教育与中华优秀传统文化的教育目标最终都指向了政治，这也将二者在最终目标指向上的一致性完全体现了出来。

（三）内容的相通之处

我们通过观察中华优秀传统文化和思想政治教育各自涵盖的内容，可以发现二者有很多相通之处。

中华优秀传统文化中朴素的唯物辩证法思想与思想政治教育中的科学的世界观教育之间存在着相通的地方。思想政治教育中的世界观教育包含辩证唯物主义和历史唯物主义两方面的内容。辩证唯物主义以世界的物质同一性为基础，以辩证法为方法论，以对立统一、质量互变与否定之否定三大规律为主干，坚持人类社会由简单到复杂、由低级到高级的螺旋式上升和波浪式前进的历史辩证法。

历史唯物主义揭露了人类社会发展变化的根本动力是社会基本矛盾，同时借此强调了社会存在决定社会意识，物质生产是社会发展的基础，以及人的实践会推动社会的发展。中国传统文化则强调"经世致用"，从物质生产条件的角度入手，思考历史的交替变换；从人民物质生活的角度出发，探索社会的道德与文明。春秋时期的管仲认为人民群众精神生活最基本的前提就是社会物质条件。孔子提出的"庶矣、富之、教之"的理论观念也表明了人们繁育后代、增加社会财富、人民生活水平以及道德教化之间是相互关联、相互促进的关系。

正是中华优秀传统文化与思想道德教育内容之间的这种相通的特征，才为二者相融合创造了可能性，从而让思想政治教育可以借助中国传统文化不断获得新的发展。

（四）教育模式的互补性

思想政治教育有着各式各样的教育模式，如自我教育、实际操作、咨询辅导、理论灌输等，其中理论灌输这一教学模式的使用频率最高。

思想政治教育具有非常强烈的意识形态色彩，因此，思想政治教育需要利用理论灌输这一方法对学生进行马克思主义理论教育。但是长久以来，我国的思想政治教育在实践中一直过于重视意识形态功能，而忽视了文化功能，导致我国的思想政治教育模式一直处于注重单一、枯燥的理论说教和直接灌输意识的错误状态。不仅如此，在进行思想政治教育的过程中，大部分教师根本没有考虑到学生的实际水平和真实情况，不分级别、不问对象，直接采取"我说你做"等一系列教学模式，让学生被迫去接受并吸收这些学科内容，使学生变得麻木、消极，大大减弱了思想政治教育的实效性。而中华优秀传统文化中的各式各样的教育模式正好可以弥补我国现代思想政治教育由于过分重视意识形态灌输所造成的教育方法单一、教学内容枯燥等缺陷。

四、中华优秀传统文化与高校思想政治教育相融合的价值

（一）有助于提高人们的思想道德素质和文化素养

思想政治教育的主要目标是"育人"，这一目标的实现与其所在的整体文化环境有着紧密的联系。中华优秀传统文化强调道德教化，对塑造人们的品德素质方面非常重视。这种文化注重培育个人和国家的道德观念，强调修身、齐家、治

国、平天下的核心价值观念，强调孝悌、忠贞爱国等品德的培养，以及"天下兴亡，匹夫有责"①的使命感的培养。

中华优秀传统文化蕴藏着深厚的道德观念和伦理原则，在调和人际关系、社会秩序及人与自然关系方面发挥着重要作用，对社会稳定、历史进步具有重要意义。它推崇品德与德育，这种做法不仅对我国古代的道德教育产生了积极的影响，培养出了尊崇德行、重视公共利益的仁者与有识之士，而且为我们国家思想政治教育事业的进步营造了良好的"以文化人"的社会氛围。

（二）有助于加强民族凝聚力和培养爱国主义精神

文化是维持社会生活、民族和谐及人类共同价值观的必备手段，文化具有强大的民族性。

中华优秀传统文化源远流长，不仅仅只是一种简单的精神文化，更是中华民族世世代代生存过程中形成的宝贵经验，同时还是所有中华儿女的精神支柱，中华儿女能自发地展现出对中国传统文化的热爱和认同，因为我们拥有共同的文化基因。此外，这种文化认同感还有助于在特定情形下缓解因阶级、群体差异而引发的国家和民族内部矛盾。相应地，如果国家因某些特殊原因出现统治思想腐败、思想落后的情况，人们会不可避免地对国家或民族失望，并感到不满，这可能导致国家凝聚力下降。然而，由于受到相同文化心理的影响，大部分人，尤其是有见识的人会理性地将这些元素与国家区分开来，然后再以爱国为出发点，反对腐败，惩处奸恶，并不会因为社会上一时的不良风气而放弃自己的祖国。

爱国主义是中华民族自强不息、源远流长、自立于世界民族中所具备的强大的精神动力，我们每一名公民都要自觉地做到传承和发扬爱国主义。

综上所述，我们可以发现在我国如今的思想政治教育中，加强中华优秀传统文化教育变得非常重要。积极挖掘其中蕴含的思想政治教育价值，可以加强我们对民族文化的认同，推崇中华优秀传统文化中的民族品质。这将有助于增强我们国家的团结力量、自尊和信心，同时为传承和推广爱国主义优秀传统，培养爱国主义精神作出重要贡献。

---

① 顾炎武. 日知录 [M]. 武汉：崇文书局，2020.

（三）有助于挖掘更加丰富的思想政治教育资源

我国传统文化的主要特征为自省与实践、推崇道德教化和重视融合的方式。这些特征不仅赋予了传统文化极其浓郁的人文精神，也使其在长久以来的岁月沉淀中，为我国思想政治教育的发展提供了多方面的教育资源。

首先，我国道德教育的主要目标是提倡和追求高尚的品格，重点培养人们的道德素质和社会责任感，通过引领大家研习君子和圣人的崇高品德，以提升个人素质和道德水平，追求"至善"的理想品质。其次，中华优秀传统文化强调人与自然的和谐统一，注重培养集体主义思想，提倡包容友好、重视群体利益、提倡不断进步的国家理念和民族气质，坚持推崇多元和谐的社会氛围和人际交往方式，实行相互融合的创新方式。再次，中华优秀传统文化所遵循的基本原则是重视言传身教，大力宣传教育要做到循序渐进、因材施教。最后，中华优秀传统文化采取的是"知行合一"的道德教育理念，追求的是"慎独"等基础的教育手段，强调学思结合、身体力行。

我们要重新审视中华优秀传统文化的价值，不断发掘其中可以和思想政治教育相结合的教育资源，这也是将中华优秀传统文化与思想政治教育相融合必须运用的手段，而通过它们的不断融合、借鉴，有利于我们自主地挖掘中华优秀传统文化中所蕴含的丰富的教育资源。

（四）有助于扩大思想政治教育的研究范围

20世纪80年代初，我国开设了思想政治教育的学科，这是我国独有的一门应用学科，充满浓郁的政治色彩。不能否认的是，思想政治教育对我国的社会主义事业影响巨大且深远。但是，我们仔细分析这一概念的内涵就能发现，思想政治教育是一种非常普遍的教育实践活动，并非我国独有，只是各国的叫法不同，其他国家可能称其为公民教育、宗教教育等。

在我国，这一学科在发展过程中受到了政治因素的影响，导致其受到了过多的限制，范围变得很窄，人们对它的研究过于庄重乏味，不能灵活多样地审视它，这导致了研究的局限性和思想政治教育的停滞。随着中国社会的发展和变革，思想政治教育开阔视野，吸纳中国传统文化的丰富资源，丰富教育内容。这种做法有助于促进思想政治教育资源的多元化，使其更好地适应当今社会的发展需求，打破传统教育中单一理论灌输的模式，提升教育实效性。

（五）有助于开辟创新思想政治教育学科的途径

想要创新一门学科，一定少不了与其他学科的相互融合，借鉴其理论成果，形成新的理论知识。换句话说，不同学科之间的相互融合、借鉴，是一门学科发展的必然趋势，也是学科发展的客观变化。各个学科理论知识的相互融合、借鉴，也是加快理论创新、推动学科进步的必要做法。

思想政治教育是多个学科综合而成的学科，其核心目标是关注和培养人的素质。要实现思想政治教育方面的创新，就必须注重与其他学科的交叉学习。思想政治教育是一门具有广泛综合性和较强实践性的学科，其主要目标是探讨人们思想上的疑问和解决相关问题。我国的思想政治教育学科经过多年的努力，取得了显著的进展，在推动社会主义建设中发挥了关键作用，为社会主义事业的发展作出了重要贡献。

随着时间的推移，当今世界面临着信息爆炸和经济全球化带来的影响，人们受到多元文化的影响，这导致他们的认知、思想和价值观发生了重大变化。这种变化对思想政治教育工作提出了新的要求，也对相关从业人员和学科发展造成了影响。由于中华优秀传统文化对自身道德教育的弘扬与重视，以及在教育内容的多样性、教育方法的透彻性等方面具有独特的优势。经过教育工作者的不断研究探索，中华优秀传统文化与思想政治教育互相融合、借鉴，不仅扩大了思想政治教育研究的范围，同时也成为思想政治教育创新的道路之一。

第三节　中华优秀传统文化与高校思想政治教育融合探索

我国一直重视思想政治教育。高校在进行以思想政治教育为主题的教育时，将治校、兴校和育人作为教育价值取向的选择和重点。思想政治教育的价值、理念、目标和原则源于中华优秀传统思想道德资源。

一、高校思想政治教育的文化价值

（一）思想政治教育文化育人的内涵

1.思想政治教育的文化育人

思想政治教育是作用于人的，是不断促使人转变的育人的过程。在这一过程中，思想政治教育逐渐形成自己特有的文化，它的文化本质体现出了其促进社会文化发展、建设和创新方面的作用，且使其肩负起了文化育人这一使命。除此之外，思想政治教育对文化的传承和创新，是以积淀深厚的文化底蕴为基础进行的，正是因为文化底蕴的存在造就了与之相对应的文化融合和研究。

首先，文化育人是思想政治教育一直坚持"以人为本"的必然结果。思想政治教育目的是提升人的道德素质和培养健康的人格。因此，教育设计的重点是人，是培养出有思想、有感情、高素质和创新型全面发展的复合型人才。文化是在人类发展中起长久作用的思想引领和精神驱动，能够不断提高人的思想精神境界，这使其成为思想政治教育中"以人为本"的基本路径。

其次，为思想政治教育提供充足特殊资源的也是文化。文化资源可以将思想、价值观和信念等隐性要素，在思想政治教育过程中作为自己宣传的精神对象并且将其转化为精神动力。这种转化方式强调了人与文化的关系、作用，体现了自身存在的价值。思想政治教育中的文化育人，还可以做到让文化和精神变为统一向上的科学信仰和社会心理。这种做法是为了让人们充分挖掘文化本身，引导人们学会通过思想政治教育和文化育人追寻生活的意义，时刻关注人的主体性。

第三，思想政治教育的基础是文化价值引导。思想政治教育主要是为了促进人的发展、开发人的潜力、提升人的境界和丰富生命的内涵。它以人为对象，以人的发展为基本目标，坚持将理想追求置于很高的地位和坚持以人为导向。对社会问题保持高度的敏锐，使培养的人才形成正确的世界观、人生观、价值观，使他们在具体的研究中遵循科学的价值引导，形成推动事业进步、人生发展的价值导向与文化基础。思想政治教育必须达到着眼于未来的境界，要明确体现人类最高境界的价值追求之一就是文化育人，坚持文化育人是对人类的终极关怀，也体现了人类对超越功利的人生价值的需求。

2. 高校校园文化及其与思想政治教育的关系

（1）校园文化的基本解读

如今，无论是学术界还是教育界，都没有一个关于什么是校园文化的统一定义。虽然如此，各界依旧试图准确和理性地分析校园文化，如有些人认为校园中的学生是校园文化的主体，校园文化的特征是校园精神，结合起来就是以校园为主要空间的群体性文化；还有人认为，校园文化是一种文化活动和物质环境，比如我们清晰可见的实物或是活动方式；有人认为校园文化是校园建筑的环境设施和校园景观这些物化形态的内容。将以上的所有观点总结起来就是，校园文化以校园为主要空间，主体是学生，其主要内容包括环境文化、精神文化、制度文化和行为文化，是一种以校园的精神文明为主要特征的群体文化。

校园文化中存在外界没有，只有学校才拥有的独特的精神环境和文化氛围。其中包括以学生为代表的主体的思想和行为特征、行为方式及文化观念等，还包括学校的校风、传统和学风，还有各种有关心理氛围、集体关系舆论等具有明文规定和制度的行为规范准则，以及以群体形式出现的文化活动。在校园文化中，最能体现其本质的是校园精神和风气。

如今，校园文化已经不再是简单的区域性概念，已经变成了一种文化氛围，氛围中包含制度文化中的制度和校园物质文化的设施。如今的校园文化充满着现代意识，是人自发和自觉的，随时随地都被时代文化的潮流所影响，能时常更新、时刻保持活力。

（2）校园文化与思想政治教育的关系

校园文化和高校思想政治教育在高等教育中的存在是客观的，两者之间相互影响、相互区别、相互强化和相互促进。它们的独立是相对的，在高校思想政治教育中，校园文化是其实践环节和重要载体，也是有效的途径。校园文化最重要的功能就是育人，校园文化的建设既要体现学校特色，又要展现社会主义的特点和时代特征，形成优秀的学风和校风。思想政治教育和高校校园文化的关系体现在以下几点。

首先，校园文化是高校思想政治教育最有效的载体，是通过校园的人文环境和文化建设的熏陶而形成的价值标准、行为规范和共同观念追求，为教育提供良好基础，有助于早日实现高等教育的德育目标。除此之外，校园文化是在校园内展开的多类型、多方面的课堂内外的教学文化活动，能充分发挥个人的主动性、创造性和独立性，使大学生能够独立、自觉地完成思考，享受自我表现时的状态。

其次，正确引导高校的校园文化，能防止其受到社会消极文化的冲击和思想政治教育的畸形、片面发展的影响，也能防止大学生思想出现偏离，以及信念、观念和理想的缺失。

再次，思想政治教育指引着校园文化的建设方向。校园文化建设是社会主义文化建设的重要组成部分。校园文化中占主体地位的是人，它尊重人的价值和主体精神；思想政治教育的主体和中心也是人，它始终以提高人的觉悟、启迪人、武装人和升华人为目标。因此，思想政治教育工作能够有效提升校园文化的格调和品位，使人真正实现德、智、体、美、劳的全面发展，真正成为社会主义建设者和接班人。这说明校园文化建设的主导方向由思想政治教育引领。

最后，高校的校园文化和思想政治教育在教育内容、主体、方法、创新型人才的培养和内在机制、发展规律等方面是存在明显差别的。从方式方法上来说，思想政治教育是属于隐性的教育方式，校园文化则常以显性的教育方式体现；从内容上说，思想政治教育的侧重点在于政治、思想、道德和心理教育，校园文化涵盖了学生德、智、体、美各方面的发展。

（二）思想政治教育的文化价值

思想政治教育按照不同的标准对文化进行了划分，如道德文化、政治文化、经济文化等不同的文化。这都是因为思想政治教育的主要目标是让人形成正确的、科学的思想。因此，关注思想政治教育的文化价值就相当于关注教育发展本身。对于思想政治教育的文化价值，可以从以下方面进行了解。

1. 传承优秀文化

教育在一定意义上是作为文化活动存在的，思想政治教育就是一种运用一定道德规范和思想观念进行的社会实践活动。这种观念和规范在政治和伦理上具有特殊性质，这一教育过程就是优秀文化传承的过程，教育使文化不断地传递和扩散，跨越它诞生的地域，将人类创造的文化安置于人们心中。从中可以看出，人类创造的灿烂文化之所以能够流传至今，离不开文化元素在思想政治教育过程的不断转移。在思想政治教育中传承优秀文化，是让人的智慧、观念、情感和意志等都与优秀文化建立某种联系，让文化真正地融入人们的生产和生活，促使人们遵守社会规范，在生活中维持基本良好的秩序。

思想政治教育传承的文化不仅包括科学文化等知识性文化形式，还涵盖一些其他文化元素，如集体主义价值观、世界观、人生观等马克思主义意识形态文化。思想政治教育不仅继承了各种理性文化形式，还传承了爱国主义情感、认真负责的态度等各种感性文化形式；它不仅继承了各种认知层面的文化，还延续了社会潜意识层面的文化并倡导健康的文化态度。因此可以说，思想政治教育在传承优秀文化方面表现为社会文化的一种积淀，它在合理筛选各种文化形态的基础上对文化进行理性传承，是社会文化同化的文化转移。

2. 创造先进文化

思想政治教育可以通过不同内容和形式来推动文化的创新和发展，促进进步文化的形成。这表明思想政治教育在某种程度上有助于塑造先进文化观念。对文化来说，思想政治教育具有极其重要的作用，还具有一定的创新价值，原因有以下三点。

首先，从客观的角度出发，这种价值是由文化本身的结构特点所决定的。文化可以分为物质、精神和制度三个层面，只有从物质和制度的文化中引起精神文化的演变，才能改变其文化体系的整体性、结构性和全局性。因此，要想对思想政治教育中受教育者的精神世界进行文化整合，就要用马克思主义的科学价值观、世界观来实现。

其次，这种价值由人这一文化主体决定。文化的主体是人，创造文化和承受文化的同样是人。思想政治教育的目的就是培养能够开拓新品格和拥有先进价值观的人。受教育者通过思想政治教育，能用自己的主体意志对教育中所提供的内容进行选择、创造，解释。

最后，这种价值的决定方式是文化创造的过程。文化创造的重要动因是各种文化的互动，人们通过思想政治教育与不同文化和价值取向进行频繁、密切的接触，适应不同价值规范体系的文化，并在这些文化互动中产生创新意识。

思想政治教育与文化是相互影响的，文化因素在实现思想政治教育的价值方面起着关键作用。因此，我们需要充分发掘思想政治教育的文化潜力，并实现其文化价值，为其提供更丰富的教育信息资源，加强各种形式的社会主义文化建设，以最大限度地发挥思想政治教育中的文化价值。

3. 整合纠偏多元文化

整理被选择的和具有过滤性的文化，是思想政治教育在整合多元文化时完成的，是让不同的文化通过相互融合和吸收，从而逐渐一体化。多种类型的文化不只存在于一种社会，因此在多元化背景下，就算是社会主义社会也是可以和任何社会形态一样共同享有多种文化。

社会主义文化在我国当今社会中属于主流文化，是以马克思主义为指导的。

随着当前开放程度的逐步深入，社会中涌现出了各种文化形态，这时思想政治教育的文化整合纠偏作用就显得很重要。当然，整合纠偏也不代表着否认其他文明的优秀理论成果，社会主义的主流文化也要学会在批判中吸收优秀的理论成果。高校思想政治教育是社会文化的有机组成部分，其在扩大对外开放和加强社会主义市场经济的新形势下，也同样遭受了不同文化的冲击与影响。尤其是互联网信息技术的出现和迅速发展更加剧了这种情况。因此，现在迫切需要发挥思想政治教育在文化整合和纠偏方面的作用，合理地融合各类文化元素，以缓解文化冲突、丰富主流文化，并促进思想政治教育及主流文化的发展。

二、思想政治教育视域下优秀传统文化的价值意蕴

（一）中华优秀传统文化在改进大学生思想政治教育中的价值功能

中华优秀传统文化经历了几千年的风风雨雨，有着极高的教育价值和巨大生命力。在我国大学生思想政治教育方面，中华优秀传统文化的教育价值如下。

1. 中华优秀传统文化为大学生思想政治教育提供了丰富的资源

中华民族传统文化的核心就是儒家思想。思想政治教育就应该围绕着这样的民族优秀传统文化进行学习，如果脱离了这种优秀文化只执着于无聊枯燥的理论说教，那对学生的发展是没有任何作用的。儒家文化中的举用贤才和平政爱民等政治思想、以"仁"为核心的道德规范，对大学生正确树立自己的人生观、价值观，以及正确处理人际关系等方面都具有积极作用。

（1）至圣至贤的理想人格

"仁"是由孔子提出的，是儒家文化中道德思想的中心和最高境界。其包含两种含义：一种是强调别人所想，另一种是强调对自己的约束能力。

（2）自强不息的人生追求

儒家文化推崇的价值目标是"死而不朽"，意思是要人们立志报国、努力奋斗和建功立业，还要时刻有忧患意识。正因为做这些，儒生无论在顺境还是逆境中，都能平淡面对，有着宠辱不惊的坚强意志力。当代大学生更要将学习的文化精神在自己的头脑中进行重新架构，感受到身上重大的历史使命，为民族振兴献上自己的力量，在有限时光中有所作为，不虚度光阴。

（3）"天下兴亡，匹夫有责"的爱国精神

儒家思想可以说是中华优秀传统文化中最具有代表性的思想，它强调，人应把国家的命运和前途放在第一位。这种爱国主义精神在几千年来从来都没有被中国人忘记，传承至今。有无数位英雄抛头颅洒热血，捍卫了我国国土和民族尊严。特别是在抗日战争时期，出现了一大批守护我国领土和国家尊严的英雄，更加体现了中华民族的核心是爱国主义。在现在这个经济全球化的大发展时期，爱国主义精神的引领和熏陶变得更加重要。我国大学生如果想要更好地培养自身的历史责任感和爱国主义精神，可以深度挖掘中华优秀传统文化中的爱国主义资源。

（4）厚德载物的兼容精神

《易经》中说人拥有广阔的胸襟就可以容纳和承载这世间的万事万物。《中庸》中有"万物并育而不相害，道并行而不相悖"[①]，这都体现了中华民族的宽广胸襟和厚德载物的兼容精神。中国共产党将自己的指导思想确立为马克思主义，同时还提出将中国革命的具体实际同马克思主义相结合，使中国革命取得最终的胜利。可见，只有拥有这样的兼容精神，我们才能吸收其他国家和民族的优秀成果，壮大自己发展。

（5）以和为贵的相处之道

在儒家文化中，"礼尚往来""严己宽人""己所不欲，勿施于人"[②]等人际交往和互相帮助的原则，在今天依旧适用。大学生在日常生活中也要遵循这一与人

---

① 颜培金，王谦. 大学 中庸 [M]. 武汉：崇文书局，2023.

② 孔丘. 论语 [M]. 西安：陕西旅游出版社，2003.

交往的方式，提高自己的综合素质和道德水平。

2. 中华优秀传统文化启发了思想政治教育的广阔思路

时至今日，中国传统文化依旧盛行，特别是儒家思想文化中包含着许多可以借鉴的教育方法和思想理论，蕴藏着众多优秀的思想政治教育资源。儒家思想经典可以长久使用，其中的一些观念很有价值，如尊师重教和崇尚师道等。具体如下。

（1）因材施教

儒家的教育原则是根据学生的实际情况，有针对性地对每个学生进行教育，使每个学生都能扬长避短，获得最佳发展。孔子曾多次提到他的思想核心——"仁"，但在这之中的解释却几乎每次都不一样。孔子在面对同样一个问题，即"何为仁"时，会按照学生不同的性情和特质给出不同的回答。这也说明了在大学生思想政治教育中，要适度地因材施教，因时、因地和因事施教。只有这样，才能有效地避免所有人都被教育成一个模样，才能培养具有自身特色的人才。

（2）教学相长

作为思想政治教育的工作者，要时刻牢记"三人行，必有我师焉"[①]，要时刻奉行终身学习的原则。可以在实践中学、从书本上学，还可以从学生的身上学。教和学从本质上来说是相互促进的。因此，两者的关系就有了教学相长一说。

（3）身教重于言教

儒家的思想和文化非常注重发挥教师的榜样作用，作为师者要时刻注意自己的言行。首先，为人师者，自己要起示范带头作用，不然就算是自己熟悉的人也不能对其进行施教。其次，教育对学生来说是存在正确导向作用的，最重要的表现就是思想政治工作者的自身修养，只有自己真正做到了每日反省和慎独，才能在学生中起到表率作用，使得教育过程事半功倍。

（4）和谐的师生关系

教学工作能够顺利开展，一个很重要的前提条件就是和谐融洽的师生关系。教师最需要的就是在学生那里取得充分信任，深刻了解学生的心理，并且不仅要以老师的身份跟学生相处，还要像朋友一样对待学生，营造一种和谐包容的教学氛围。

---

① 孔丘. 论语 [M]. 西安：陕西旅游出版社，2003.

3.儒家文化与思想政治紧密契合

儒家文化是研究人的文化，包括人本身、人与人或自然之间存在何种关系的基本问题。只有有针对性和有目的性地指导大学生进行思想政治教育，才能达到预期的效果，只有掌握了传统才能发展现代。我们要将儒家思想文化的知行合一、和谐思想等一并纳入思想政治教育之中，从而推动校园文化的建设。

（1）注重儒家文化与思想政治教育契合的现实性

以德育人在大学生思想政治教育工作中是相当重要的。儒家文化崇尚教育与德行并重，儒家文化的精华能增强传统文化的时代魅力。

（2）注重儒家文化与思想政治教育契合的实效性

儒家文化是实践和理性认识并重的，强调体验，重视陶冶情操和情感教育。这提示我们，要想使思想政治教育工作真正起效果，就要注意教育中的情感。除此之外，孟母三迁的故事说明了环境问题对于行为的养成也同等重要。还有其他一系列的例子也证明了思想政治教育不仅可以在学校范围内开展，还应延伸到家庭和社会上去，如引导学生与家人增强沟通，鼓励学生积极投入到社会实践中去。

（3）注重儒家文化与思想政治教育契合的开放性

任何人的思想都是有局限性的，其中也包括儒家文化。儒家思想中存在如"官本位"的倾向和各种保守的思想，压抑了人本身的创造性，束缚其个性的发展。因此，在学习借鉴儒家文化的同时，还要增强对外文化交流，吸收各个国家的优秀文明成果，从而提升中国文化在国际上的影响力。

（二）优秀传统文化对大学生思想政治教育的积极作用

1.有助于大学生爱国主义理念的形成

中华民族的核心精神和优秀传统就是爱国主义。其表现形式有对祖国骨肉同胞的热爱，有对祖国大好河山的热爱，也有对自己国家的热爱和对祖国灿烂文化的热爱。也正是人们这些发自内心的热爱与尊敬，才使各民族能够在属于自己的国土上相互学习、繁衍生息、求同存异，一起生活和劳动，享受美好生活，一起创造更多更灿烂的中华文明。

中华民族的爱国主义传统源远流长，各民族的仁人志士也都为其各地的繁荣昌盛作出了许多贡献。这些人热爱自己的祖国，坚持统一的原则，反对外敌的侵扰，矢志不渝。我国是伟大的国家，中华民族也是伟大的民族，我们坚信，只要坚守本心，一定会实现伟大复兴的美好愿望。

2. 树立正确的人生观、价值观和世界观

大学是人形成正确的人生观、价值观和世界观的关键时期。学生在这一阶段接受的思想政治教育对于他们以后创造人生价值和领悟人生真谛有着非常重要的作用。首先要做的就是帮助学生培养积极有价值的人生观，确立正确的人生态度，同时也要引导他们在社会上充分发挥价值并作出力所能及的贡献。几千年来，中国的传统文化一直非常注重世界观、人生观和价值观的培养。人们通过自身的人格理想展现出的多形态特点通常是对中国传统伦理的价值体现。孔子主张要追求崇高的精神境界，但也是要以物质生活基本得到满足为基础的，并且可以将人生中最高层次的需求理解为道德理想的完善。在大学生认识并接受思想政治教育的过程中，融入传统文化的各种精髓是非常有助于培养大学生的人生观、价值观和世界观的。

3. 建立顽强奋斗、健康积极的人生态度

作为大学生，首先要明白实现人生价值是一个漫长且可能一生都要为之奋斗的事，因此大学生要树立积极进取的人生态度，还要有坚强奋斗和自强不息的精神。如果一味地贪图享乐、不思进取、坐享其成，那就很有可能一事无成。中华优秀传统文化中这样的例子有很多，关于顽强奋斗的如精卫填海、夸父逐日等，那些只顾贪图享乐，到后来一事无成的例子也是数不胜数。中华民族在五千多年的历史长河中不管经历怎样的艰难险阻都勇往直前，就是因为我们骨子里流淌着顽强奋进的精神和热血。

（三）中国梦背景下中华优秀传统文化教育的重要意义

我们当前的重大理论和实践课题，就是准确把握中华优秀传统文化的时代价值和中国梦的丰富内涵，从优秀传统文化中汲取实现中国梦的精神力量。

1. 关于中华优秀传统文化的论述

中华优秀传统文化是中国特色社会主义文化的精神命脉和根基所在，包含近代以来对中国文化认识的变革，具有重要的理论与现实意义。

中华文化是代表中华民族的精神标识，中华文化的繁荣发展是实现中华民族

伟大复兴的条件等观点极大地丰富了中国特色社会主义理论。

2. 中国梦与中华优秀传统文化教育

中国梦的实现要以过去几十年在改革开放发展进程中取得的巨大历史成就为基础，实现中国梦有以下几个方面的要求：既需要以不断提升综合国力为硬件基础，也需要以社会主义核心价值观为软件基础；既需要全党和广大人民群众的不懈努力，也需要实现总体战略布局和战术的具体操作。中华民族的优秀传统文化是中华民族实现伟大复兴中国梦的精神力量，是历史上的宝贵财富，是社会主义核心价值观的根本基础。

（1）弘扬中华优秀传统文化

弘扬中华优秀传统文化是马克思主义中国化的关键所在。马克思主义结合中国实际，也就相当于结合了中国传统文化和中国革命建设的具体实践。简单概括就是文化层面和实践层面的马克思主义中国化。

中国共产党自成立以来，一直都是中华优秀传统文化的弘扬者和忠实传承者。中华民族一直继续保持并发扬优秀的文化传统，坚持以文化教育人的方式方法。

中华优秀传统文化是一个多面体，更是复合体。因此，马克思主义中国化应与中华优秀传统文化进行多方面的结合。文化其实也可以说是一个民族的血脉，是一个民族推动自身发展的动力，也是在世界立足的根本。民族精神即自强、爱国、仁义与和合，这些都是古代先贤在实践中孕育出的智慧。自强是一个人在民族发展中必须具有的精神品质；爱国，顾名思义，是中华民族最深沉和最朴素的精神与情感归属；仁义在为人处世方面是一种精神标杆和道德规范；和合，就是要处理人与人、人与自然之间，以及本民族和其他民族关系，强调包容和和谐。因此，马克思主义中国化在根本上就是结合了中华优秀传统文化的民族精神。

（2）实现中国梦的强大支撑

为实现中国梦提供强大信心的是一个民族的"根"和"魂"。中国梦是一种梦想，是将民族振兴、人民幸福和国家追求融合在一起的梦想。中华民族在近代以来最伟大和最想实现的梦想，就是实现中华民族的伟大复兴。中国梦其实也就是为了找回中华民族在世界民族之林的地位，使每一位中华儿女都能继续保持其文化自信心与自豪感，有能力使中华文化再创辉煌。

中华优秀传统文化能为实现中国梦团结和凝聚人心，中国梦既是中华民族的梦，也是人民的梦，需要紧紧依靠人民，只要人民形成了合力就没有完不成的任务和实现不了的梦想。中华民族一直都具有文化认同基础，在其发展过程中也逐步建立了一套关于文化传统的体系。凡是能立足于世界的国家，其国民一定具备独特的特质，上至道德法律，下至丰富习惯等都有其独立精神存在，这种特质体现了传统文化的作用，将这些共同的对文化的认可、历史记忆和政治归属都融合在一起，深深植根于民族每一位成员的内心，就能形成和加强民族凝聚力。

中国社会主义核心价值体系的立足点也是中华优秀传统文化。文明开放的社会是一定有多元文化存在的，国家为了防止这些意识造成人民混乱，便将核心价值观和主流精神作为指导方针。在全国各族人民共同认可的价值观中最具价值的就是社会主义核心价值观。中华优秀传统文化始终是民族的精神命脉，也是其根本所在。因此，中华优秀传统文化中的精神文明力量是涵养社会主义核心价值观的重要源泉。

（3）展示中国梦的文化魅力

中国梦的实现是会造福中国人民的，甚至会影响世界，造福各国人民。这表明每个国家在谋求自身发展时，都要注意与其他国家的共同发展，不能让世界上一些国家越来越富裕，另一些国家却要长期忍受贫穷与落后。中华优秀传统文化是一个崇尚儒家道德规范的体系，也是将伦理作为核心主体的文化系统，始终追求修身、齐家、治国、平天下。我们有理由相信，中国会随着综合国力的不断增强，充分增强大国意识，发挥大国作用，在自身可以承受的范围内承担起更多、更大的责任。

（4）创造性转化和创新性发展

中国社会主义核心价值观在中华民族实现伟大复兴的中国梦的过程中是不可或缺的存在。中华优秀传统文化是我国最为深厚的文化软实力，其在构建国家精神、确立现代社会主流价值观和强化中华民族价值系统方面具有重要意义，是民族文化最宝贵的财富。

继承和弘扬中华优秀传统文化，要时刻重视创造性的发展和转化。中华优秀传统文化在社会形态发生变化的情况下，与政治经济形态方面存在着不协调、不一致的问题。因此，我们要把需要发扬的优秀传统文化同社会主义民主政治、社会主义先进文化和市场经济等相结合。按照当下的时代特点，赋予其新的生命力和时代内涵，增强其生命力与活力。

弘扬和继承中华优秀传统文化，要确定中华优秀传统文化有哪些历史渊源和发展脉络，确定中华优秀传统文化的价值理念、有哪些独特的价值和鲜明的特点，从而增强我国的民族自信心。还要时刻注意按照时代要求，构建良好的社会主义核心价值观，汲取中华优秀传统文化中的思想精华，找寻其时代价值。

三、中华优秀传统文化在高校思想政治教育中的意义

（一）帮助大学生树立正确的观念

中华优秀传统文化是中国五千年社会发展过程中积累的宝贵财富，富有持久的艺术感染力。人们的价值观和世界观随着社会转型及文化发展的浪潮发生转变。大学生是祖国建设的重要力量。大学生的道德素质和价值观直接影响着社会各方面的发展。只有将中华优秀传统文化教育融入大学生的思想政治教育中去，才能培养出能对社会作出卓越贡献的人才。

几千年来，中华文明流传下来的优秀文化广博高深，这些文化包括很多技能的培养。中国的传统教育是把道德培养与技能培养相互融合，通过技能修炼道德，是一种全面培养优秀人才的教育模式。

中国传统文化对道德非常重视，道德观在中国传统文化中是最重要的价值观。中国的传统教育不同于当代的填鸭式灌输知识的教育方式，更加重视人格的培养和道德的修炼，认为这才是良好社会发展和美好生活的重中之重。

在国内外各种思潮的冲击和碰撞下，大学生在自我发展中产生了很多困惑。这时候，中华优秀传统文化可以成为大学生参考学习的典范。在与思想政治教育的结合之中，我们要学习中华优秀传统文化的精华，借鉴它的原则和智慧，这样不仅对当代大学生和国人，甚至对世界人民都具有重要影响以及重要的教育意义。

中华优秀传统文化不仅关注人与人之间关系的和谐，个人、集体与社会之间关系的和谐，而且还包含科学与艺术、心理与修养、思想与品德等多方面的精神养分。这些都能帮助大学生提高素养，完善品格，树立正确的三观。

（二）对我国整体校园风气的影响

学生在校园学习和生活，被包围在校园独特的氛围之中，必然会受到校园文

化的熏陶。校园文化具有特定的精神环境和文化环境，它包含很多层面和内容，是学校自身形成和发展的物质文化和精神文化的总和。良好的校园文化，可以陶冶情操、启迪心智，促进学生全面发展。不同的大学有不同的校园文化，用多种方式将中华优秀传统文化教育融入大学校园文化之中，可以使大学生更好地完善自我，发展自我，提升自我，更好地培养和发展自己的能力。

（三）有助于拓宽大学生的学习视野

大学生的求学阶段正是对精神文化充满渴求的时期。在这个阶段，他们有旺盛的好奇心，有充沛的学习精力，他们渴望吸收各种知识，加速自我的成长。把握好这个机会，将不断发展和不断积淀的中国传统文化的精髓传递给大学生，不仅能促使大学生加速成长，润泽他们的精神世界，更有利于他们观察、思考和认识领域的扩大。

大学生教育工作的要点，是真真正正培养学生的人文精神，帮助学生树立正确的观念，找到自身的价值。大学生通过学习中华优秀传统文化，可以走出思维的僵局，开拓思维，将中华优秀传统文化的精髓运用到新时期的建设当中，实实在在地创造，脚踏实地地进步。让大学生同时培养良好的品德与出众的才华，这也正是大学生教育工作积极与中华优秀传统文化融合的追求所在。

（四）拓宽了大学生思想政治教育的渠道

在中华优秀传统文化中，修身的观点占有重要地位。当思想政治教育与修身文化教育结合，大学生学习修身文化，便是拓宽了学习渠道，拓展了教育形式。修身重视的是个人修养，强调的是自律、自尊、自爱、自我反省等。这种修身，是从内到外的自发的修行，而不是靠外力的强制。这种自驱力正是促使优秀的道德品格形成的主要动力。如果大学生掌握了修身文化的精髓，势必会增强思想道德教育的效果。修身的传统主要体现在如下几点。

1.思考与学习同样重要

古人的教育方式并不赞成单纯知识的灌输，也不赞同只在那里一味地思考。古人强调思考与学习是相辅相成、缺一不可的。学习是思考的基础，思考是学习的提升。学习的同时要动脑思考，而思维的加工，又促进了进一步的学习。没有经过自己头脑加工过的知识，是不能灵活运用的死知识，是不容易运用到实践中去的。这样的头脑就像一个装着很多书本的书柜，只能默默地立在那里。只有把两者有效地连接起来，才能产生最佳的学习效果。古人在教育学生时十分注意锻炼学生的思维能力、概括能力，以及发散思维的能力，并告诫学生时刻注意勤思考。这也是现代教育需要传承借鉴的方式。

2. 在独处时更加严于律己

慎独体现了一种严格自律的精神，是中华优秀传统文化主张的重要的教育方式和修身方式。慎独追求的是一种表里如一的境界，一个人如果能在任何时候都做到表面与内心一致，就能养成高尚的品德。而这样的人，也更容易取得成就，走向成功。慎独不仅体现在某件大事上，更体现在小事上。越是小事，越能展现一个人的整体道德品质和修养。古人追求慎独的境界，提倡的不仅仅是自觉，而是自然而然的、本能的，像追求所有美好的、喜爱的事物那样去追求美德，像厌恶臭气那样厌恶道德品质的败坏。

当代大学生爱好学习，注重自身的成长，具有积极向上的奋斗精神。但是由于社会发展速度的加快，竞争的加剧，以及各种思想的冲击。一些大学生变得只重视实用技能，不注重思想上的修行，他们只看中眼前的利益，忽略了对自身修养的提升，认为只有利己主义、实用主义才能帮助自己更快地取得成功。然而，一个人想要成功就必须拥有足够强大的内心和良好的道德修养。所以，当代大学生一定不要丢弃中华民族的优良传统，时刻注意严格要求自己，时刻注意提高自己的修养。

3. 注重自我的反思和修正

古人的另一种修身思想是注重自我的反思和修正，也就是"省察克治"。"省"是自我的反省，需要养成一种自觉的意识。它强调的是自觉反省的意识，不是在别人提出或者指责之后才去反省，更不是别人指出之后，还不愿去反省。"查"是自己对自己的检查，它依然强调主动，在别人提示之前去检查，在有人指出后就更要立即去查找自己身上的错误、毛病和不足之处。这前两个字如果不注重修炼是很难做到的。很多人平时没有思考自身是否存在问题的习惯，甚至已经存在问题了，已经造成不良的后果了，已经有人发现问题指出来了，他还不对自己进行反思，反而去找借口找理由或者反过来在其他人身上找原因找问题。"省"与

"查"不是否定别人或别的客观条件没有问题，而是说，要首先想想自己存在什么不足之处。那么，进行了自我反省，查找了自己的问题之后，就结束了吗？当然不是，因为只是知道问题是什么并不能解决实际的问题。这时就要用到"克"与"治"了。"克"就是克服、克制的意思。知道了自己身上存在的问题，就要时刻注意去克服。这并不容易，需要用心，更需要毅力，这也体现了修身的自觉性和自律性。更进一步，就是"治"了。"治"就是改正、修正。只有彻底改正了自身的缺点、毛病和不良习惯，才能真正得到修养上的提升。大学生在学习、生活和交往中，难免会遇到各种困惑，也难免会养成各种不良习惯，遵从古训，学习古人优良的修身传统，能够让大学生保持和谐的心理状态，找到并改正自身的不足之处，培养出优秀的道德品质。

（五）帮助提高大学生思想教育的实效性

大学生思想政治教育与中华优秀传统文化相结合，增强了教育的可实施性和实施效果。中华优秀传统文化富有深刻的历史内涵，并拥有非常持久的渗透力。所以，在中华优秀传统文化熏陶下的大学生，在思想上和感情上更容易保持平稳、自然，并且渐渐与自己的品行修养相融合，在内心与外在不知不觉地体现出高尚的品格。并且，传统文化的形式不拘一格，能够让大学生在各个方面，在不同的角度自然而然地受到文化的熏陶。同时，多种多样的优秀传统文化教育形式，也能提高大学生的学习兴趣和积极性，使他们易于接受，乐于学习，这促进了大学生思想政治教育方式的多样性，增强了思想政治教育的学习效果，增加了思想政治教育的魅力，从而提高了实效性。

（六）帮助大学生树立民族自信心和自豪感

当代年轻人对中国传统文化存在很多的困惑和不解。有的人觉得几千年文化的积淀确实非常优秀，但内容太深、范围太广，不知道如何入手。有的人认为传统文化已经无法适应飞速发展的现代社会，已经陈旧落后了。人类及人类的文化是一代代繁衍和传承下来的，人们通过繁衍生息使民族和生命得以延续，文化传承使知识、技能和优秀的思想得以继承和发扬。中国是四大文明古国之一，它的文化与精神，不仅仅是中国人民的财富，也是世界人民的财富，对传统文化的背弃、无视和压制，就是对自身发展的阻碍。中华优秀传统文化，不仅对中国来说是生存的必需品，而且对世界的和平发展、和谐相处也起到至关重要的作用，这也是中华优秀传统文化在当今世界流行和成为热门的原因。

综上所述，融入中华优秀传统文化教育的思想政治教育模式，可以帮助大学生树立民族自信心，增强民族自尊心，激发他们的爱国热情，对社会的稳定和国家的建设和发展都具有重大意义。

四、优秀传统文化与高校思想政治教育融合的注意事项

（一）融入工作要坚持马克思主义理论的主体地位

高校思想政治教育必须符合马克思主义理论的基本逻辑与学术规范，采用辩证唯物主义立场与方法来应用中华优秀传统文化。相对于马克思主义主体地位的明确性，中华优秀传统文化在马克思主义中国化过程中具有重要的基础地位。主体地位与基础地位相结合成为当前马克思主义理论与中华优秀传统文化的基本模式。

1. 马克思主义是中华优秀传统文化融入高校思想政治教育的理论主体

中华优秀传统文化融入高校思想政治教育同样必须经过马克思主义理论主体的审视，才能消除与马克思主义基本原理的冲突，保证教学内容符合社会主义性质的要求。马克思主义作为指导思想构成了文化建设上的主体地位。马克思主义具有文化建设和意识形态工作领域的主体地位与中国化马克思主义具有指导思想的地位形成了一种平衡。高校教师作为一个坚定的马克思主义者，而不能信仰别的思想体系。习近平总书记指出，党的纯洁性，体现在党的思想政治、组织和作风各个方面。

体现在思想上，就是要求各级党组织和广大党员、党的领导干部必须坚持把马克思主义及其中国化的理论成果作为指导思想，坚持把为社会主义、共产主义奋斗作为理想信念，坚持马克思主义实

事求是的思想路线，坚决抵制各种对马克思主义思想的侵蚀，坚决同各种违背马克思主义的错误思想作斗争。马克思主义的指导地位对其他社会思潮有一定

的抑制与制衡作用，进而使得其他思潮得以按照马克思主义所需要的逻辑与方式进行呈现，最终维护意识形态工作中的和谐稳定局面。马克思主义的主体地位虽然不能直接等同于指导思想，但在思想文化领域具有决定性的指导地位。马克思主义基本原理不仅对其他意识形态和多元文化有规范作用，而且对作为指导思想的马克思主义中国化各个理论成果具有内在的规范作用。

党的十八大报告提出，对马克思主义的信仰，对社会主义和共产主义的信念，是共产党人的政治灵魂，是共产党人经受住任何考验的精神支柱。这就必然要求中华优秀传统文化融入高校思想政治教育不等于放弃中国共产党的领导和马克思主义的指导地位，相反却要以此加强马克思主义的指导地位，马克思主义在信仰领域的主体地位并不被中华优秀传统文化所动摇。

正如社会主义市场经济当中的"社会主义"是必不可少的最重要的制度特征。同样地，马克思主义是中国特色社会主义文化建设的标志性符号。马克思主义在文化思想领域居于主体地位，必然具有一元化的性质。中华优秀传统文化是马克思主义中国化重要的材料来源，融入与应用中华优秀传统文化也是马克思主义大众化的最重要的手段。这种融入不能挑战马克思主义的主体地位。高校思想政治教育只有在坚持马克思主义主体地位的前提下把中华优秀传统文化置于文化基础的地位，进而实现应用中华优秀传统文化服务于中国特色社会主义的目的。

融入中华优秀传统文化之后的高校思想政治教育中的马克思主义与中华优秀传统文化依然要分清主次。马克思主义在指导中国特色社会主义文化建设过程中具有主体地位，中华优秀传统文化则具有在中国特色社会主义文化建设过程中辅助人民群众接受马克思主义的功能。马克思主义中国化受到了人民群众的理解力或基本国情的限制。这种限制必须通过融入中华优秀传统文化，并与马克思主义理论相融合才能得到解决。这是中华优秀传统文化相对于马克思主义基本原理、中国化的马克思主义所具有的独特价值。

2. 中华优秀传统文化在高校思想政治教育中具有文化基础地位

马克思主义中国化是中国共产党整个思想创新的主线，也是高校思想政治教育的核心理论基础。就此而言，中华优秀传统文化在高校思想政治教育当中具有文化基础地位。在西方诞生的马克思主义从来就是马克思主义中国化的最重要的源头。这并不意味着马克思主义中国化仅仅存在马克思主义话语，而是借鉴了各种文明成果并且把中华优秀传统文化作为重要的思想资源。中华优秀传统文化也构成了马克思主义中国化的一部分。来源于中华优秀传统文化的各种命题对马克思主义中国化有重要的价值。

马克思主义中国化需要以中华优秀传统文化作为基础，如实事求是就来自中国古代文化。为人民服务、大公无私等伦理道德观念深深扎根于中华优秀传统文化的土壤。社会和谐的思想来自马克思主义对共产主义的设想，但也符合中华优秀传统文化的和为贵、仁者爱人等思想内容。

3. 中华优秀传统文化的文化基础源于马克思主义中国化的历史

五四新文化运动当中的一些学者进行了全面的反传统，进而想以西方文化作为自己的文化传统，其结果则陷入了简单移植、全盘西化的错误当中。而坚持中国传统文化本位的学者形成文化保守主义的倾向。中华人民共和国成立以后，马克思主义成为主流意识形态保持着对西方主体文化以及中国传统文化进行批判的姿态。改革开放后，党中央和理论工作者认识到社会主义初级阶段的基本国情，进而认识到经济文化落后的制约性。中国是一个具有深厚文化底蕴的国家，只有珍惜自己的文化传统，才能完成建设中国现代文化的任务。

中华优秀传统文化属于中国最基本的国情，是中国无法消除的客观实际。一个国家的文化传统是历史形成的，不是轻易可以选择与改变的。中华优秀传统文化的基础地位是中国共产党选择的结果，中华优秀传统文化不具有主体地位与指导地位，却是中国共产党所要继承的文化传统。中国共产党并没有把别国的文化传统拿过来当作自己的文化传统加以继承。因此，中华优秀传统文化所具有的基础地位也是唯一的和稳固的，并不是轻易可以替换为西方文化传统，

中共二大之后就逐渐按照列宁主义指导中国革命，马克思列宁主义成为革命初期的指导思想。在中共七大以后，马克思主义中国化的各个理论成果相继成为指导思想。中国特色社会主义理论体系是当代的、最新的马克思主义。马克思主义的指导地位往往是在最广泛的文化意义上而言的。中华优秀传统文化作为一种文化，不具有指导中国革命、建设、改革的合法性，但是，中华优秀传统文化的某些理念可以成为中国共产党的治国智慧

2014年10月，中央政治局集体学习中国古代治国理政经验的活动说明，中华优秀传统文化的话语体系依然对中国共产党的政治领导有一定的启发意义，所以中华优秀传统文化中的政治历史经验也具有定的指导性。

马克思主义在课堂上被称为"马克思主义基本原理"，意味着马克思主义需要与实际结合，并不能马上指导中国共产党人的实践活动。这是因为马克思、恩格斯、列宁的话语当中并没有直接指导中国人应该如何革命、如何建设、如何改革。马克思主义基本原理与中国实际相结合过程中，中国化马克思主义起到了中介理论的作用与性质。指导思想必须直接能够指导客观实际，并且直接给出行动方案，而不能仅仅提供一种思考方法。中国化的马克思主义恰恰是一种完整的行动方案与指导思想。而中华优秀传统文化不具有这种指导能力，而仅仅是一种文化意义上的常识。所以，中华优秀传统文化融入高校思想政治教育是在坚持马克思主义指导地位的前提下进行的一项重要的文化传承工作。重视中华优秀传统文化的基础地位是马克思主义中国化的理论需要与实践需要。

但是，无论是马克思主义基本原理还是中国化的马克思主义都离不开中华优秀传统文化的这片土壤。如果不能与中华优秀传统文化相结合相融合，那么中国化的马克思主义就无法作为指导思想动员群众。如果没有中华优秀传统文化作为文化基础，马克思主义中国化的理论创新就会变得残缺不全，更失去深厚的民众基础与民族气派。所以，马克思主义的主体地位与中国化马克思主义的指导地位都离不开中华优秀传统文化的文化基础作用。

4. 中华优秀传统文化的基础地位源于自身的现实价值

马克思主义基本原理是中国共产党的理论基础与来源，而中华优秀传统文化则刚出现于党的文献。虽然十七届六中全会确立了"中国共产党是中华优秀传统文化的传承者和弘扬者"的命题，但是，中华优秀传统文化属于五位一体的中国特色社会主义文化建设而不是全局性的指导思想，更不具有指导地位。中华优秀传统文化本身仅作为一种文化出现。中华优秀传统文化及其经典形成于中国古代社会，更不具有直接指导现实的能力。但是，中华优秀传统文化是马克思主义中国化的文化基础，源源不断地发散出精神力量成为塑造中国共产党人的人生理想与社会理想的文化资源。中国共产党的早期领导人、革命家和政治家几乎都受过中国传统文化经典的教育。这是中华优秀传统文化旺盛生命力的重要体现。

中国的马克思主义者与思想政治教育工作者必须坚持马克思主义的主体地位，同时也必须加强中华优秀传统文化的文化基础地位。中国特色社会主义文化建设必须从知识来源上建立自己的学脉。世界上任何国家的现有文化都建立在历史上源远流长的文化传统基础之上。现代中国要寻找自己的文化传统只能从本国历史中开发出来。中国传统文化和中国文化传统是现代中国唯一可取的文化传统。

强调中华优秀传统文化的基础地位不意味着高校思想政治教育，要放弃马克思主义主体地位和中国特色社会主义理论体系指导思想。与此相反，中华优秀传统文化融入高校思想政治教育恰恰要以巩固马克思主义主体地位与指导地位为目的。正如社会主义道路是实现中华民族伟大复兴中国梦的根本途径，马克思主义中国化也是传承与弘扬中华优秀传统文化进而实现文化现代化的根本途径。中华优秀传统文化必须借助于马克思主义所特有的客观真理性与群众史观，才能通过文化批判获得新生。二者是一种相互需要的关系。

（二）融入工作要正确处理其自身主体性

融入中华优秀传统文化作为高校思想政治教育的教学内容之后就必然要发挥思想政治教育活动所特有的改变对象行为的主体功能，进而，中华优秀传统文化在高校思想政治教育的教学活动中就具有了主体性。但是，中华优秀传统文化在高校思想政治教育中的主体地位却存在一个理论挑战。第一，中华优秀传统文化本身作为一种前意识形态与文化类型具有主体性。第二，中国共产党领导的中国特色社会主义事业，坚持马克思主义的指导地位与主体地位，必然要限制中华优秀传统文化的主体性。第三，对马克思主义理论与中华优秀传统文化采取二元论的设计本身充满了不确定性。第四，"实现中华民族伟大复兴的中国梦"必然要体现中华优秀传统文化的文化自觉与自信，这使得中华优秀传统文化具有获得主体地位的可能性。但是在一般情况下，思想政治教育学者更强调中华优秀传统文化的工具性特征，这就必然要求高校思想政治教育正确处理融入中华优秀传统文化所产生的自身主体性带来的挑战。

1. 注意中华优秀传统文化的主体性

融入中华优秀传统文化并不是单纯的动作，而是要考虑历史经验与未来的发展趋势。融入中华优秀传统文化必须要注意到生产自身主体性的必然趋势。而高校教师必须能够驾驭这种主体性。从文化比较的角度而言，中华优秀传统文化自身具有完整的内容，并不依赖外在的规范性。中华优秀传统文化是成长于中国古代社会内部的文化传统，是中国人思想创造的源泉，本身并不是外来文化。中国是世界历史上保存传统文化较为完整的国家。古代印度古代埃及、古代巴比伦、古代希腊的文化都随着历史的发展而后继无人，这些文明甚至被其他民族所同化代替，改变了语言与文化的一贯性。中华优秀传统文化则保持着这种生命力，其主体性并没有被消解。马克思主义处在中华优秀传统文化的大传统与氛围之中，必然受到其长期影响。

从文化担当主体而言，中华优秀传统文化依然拥有着现代新儒家、传统文化爱好者、中国语言文学等大量研究者、学习者、传播者、践行者。他们都起到了传承与弘扬中华优秀传统文化的作用这使得中华优秀传统文化起码获得了一定人群的认同。中华优秀传统文化在这些人心中具有文化主体地位。现代新儒家与传统文化学者自觉担当了这种角色，苦苦探寻中国传统文化的现代化之路，并对中华优秀传统文化进行创新性转化、创造性发展的工作。20世纪80年代以后，新的传统文化学者成长起来。他们不再是五四新文化运动所要面对的前朝遗老遗少，而是经过了中国近现代史剧烈社会变迁之后又回归中华文化传统的新生力量。他们对现代化具有更强的接受能力。他们在批判传统文化的大环境中长大，具有更强的现代性免疫力。这些文化践行者与研究者会不断推动中华优秀传统文化主体地位的生成。

从过去历史经验而言，中华优秀传统文化中的儒家学说曾经长期作为中国古代社会的主流意识形态。马克思主义并不否认前社会意识形态在一个社会当中存在的合理性。所以，中国传统文化虽然遭受批判，但是并没有被完全消灭，依然可以通过文化基础等形式存在于现代社会当中。这为以后的文化复兴提供了可能性。

从生活角度而言，中华优秀传统文化依然可以指导人生观与价值观。儒学的意识形态性质使得其具有强烈的规范人生、指导社会的主体性意味。历史上有很多种前意识形态都有复兴的经验。中华优秀传统文化的复兴也与中华民族的伟大复兴结合在一起。所以融入中华优秀传统文化必须考虑文化复兴的历史经验。

从未来趋势而言，中华优秀传统文化成为思想文化主体的可能性一直存在。现代新儒家谋求与社会主义相适应，接受中国共产党的领导，但依然不放弃研究政治的意愿。中国当代有大量的传统文化学者满足着人们对传统文化的需要。相比较而言，中华优秀传统文化的研究反而更有自由发挥的空间。而中华优秀传统文化的理论创新与自我生长，始终都有利于生成中华优秀传统文化的主体地位。

2 正确利用中华优秀传统文化的主体性

中华优秀传统文化融入高校思想政治教育就是要发挥其应用价值，进而达到立德树人的目的。在这个过程中，融入中华优秀传统文化仍然不可避免地要在人们的头脑中具有一定的主体地位，才能指导人们的行为实践。所以，尽管存在一些不利于中华优秀传统文化生成主体地位的因素，但是融入中华优秀传统文化生成主体地位的必要性依然存在。

（1）中华优秀传统文化要保持一定的主体地位

中国传统文化在中国近代思想史一直在批判对象、结合对象主体本位这三种地位之间徘徊。中国共产党经历了批判者、传承者弘扬者这种角色与立场的转换。中国共产党早期也是中国传统文化的批判者，但在改革开放的历史进程中逐渐成为中华优秀传统文化的传承者与弘扬者。中国传统文化实际已经从批判对象成为弘扬对象，进而具有了成为文化主体的可能性。

中华优秀传统文化融入高校思想政治教育的目的是服务社会主义，但是，这种服务也必须以中华优秀传统文化能够以主体地位影响人们的思想与行为作为前提条件。融入中华优秀传统文化就是要改变人们的思想与行为，进而使得人们按照社会主义制度生活。在这个改变中，没有主体地位就不会指导人们的行为。所以，作为工具性的中华优秀传统文化依然要坚持主体地位。既然高校思想政治教育要把中华优秀传统文化作为教育内容，就是要利用中华优秀传统文化来规范教育对象的思想和行为，对教育对象进行信息输出从而让教育对象接受中华优秀传统文化，进而有利于接受马克思主义理论，实现马克思主义中国化与大众化。所以，中华优秀传统文化融入高校思想政治教育的过程也就是大学生接受中华优秀传统文化教育的过程。在这个过程中，中华优秀传统文化对于教育对象而言就具有了主体性，尽管这种主体性是以服务于马克思主义中国化与大众化作为前提，中华优秀传统文化的主体性仅仅是作为工具所必备的主体性。所以，中华优秀传统文化存在着主体地位的挑战。由于不具备主体地位，使得其对人们的影响力不足，进而无法规范人们的思想与行为，最终会影响其应用价值的大小。

（2）实现中华民族伟大复兴的中国梦需要提升中华优秀传统文化的主体地位

尽管马克思主义中国化是马克思主义基本原理与中华优秀传统文化之间的中介，甚至导致马克思主义基本原理与中国化的马克思主义的体用论关系，但是中国化的马克思主义毕竟属于马克思主义理论的组成部分，进而马克思主义理论直接面对中华优秀传统文化的理论遭遇是存在的。在这种不对等的遭遇中，中华优秀传统文化与马克思主义理论的地位关系存在着四种可能性：第一种是以马克思主义为主体，以中华优秀传统文化为应用工具；第二种是马克思主义与中国传统文化互为体用，呈现出一种二元论的状态；第三种是以中国传统文化为主体、以马克思主义为应用工具的理论形态；第四种是中国传统文化作为马克思主义者的批判对象。

中国传统文化在中国近现代思想史当中存在批判对象、辅助工具、结合对象、主体本位四种地位选择。中华优秀传统文化的概念已经表明，把中国传统文化单纯作为批判对象已经行不通了。这会导致历史虚无主义错误。中华优秀传统文化作为结合对象与辅助工具是现实中的真实处境。而把中华优秀传统文化作为主体，以马克思主义作为工具的可能性则蕴含于"实现中华民族伟大复兴的中国梦"理论之中。

传承与弘扬中华优秀传统文化预示着一种上升的发展趋势，而实现中华民族伟大复兴中国梦则包含了把中华优秀传统文化确立为文化主体的意向。正如实现共产主义一样，实现中华民族伟大复兴的中国梦同样是一个很长的历史阶段。基于现实主义的考虑，中国共产党必然要做到最低纲领与最高纲领相结合。中国共产党在党的二大作出了实现民族解放、实现反帝反封建的任务与实现共产主义纲领的结合。同样在现阶段，中国共产党也要做到实现全面建成社会主义现代化强国与实现中华民族伟大复兴的中国梦纲领的结合。

从最初的共产主义理想到中国特色社会主义共同理想，再到实现中华民族伟大复兴的中国梦，中国共产党在理想信念领域里的中国色彩越来越浓厚。而中华优秀传统文化是中华民族的文化标志，是中华民族认同的基本符号。所以，中国共产党传承与弘扬中华优秀传统文化乃至于把中华优秀传统文化融入高校思想政治教育，是"实现中华民族伟大复兴的中国梦"理论的重要组成部分。中华民族的复兴必然影响中华优秀传统文化的复兴。这种复兴必然要体现为中华优秀传统文化具有主体地位与主体性，进而对全社会产生极大的影响力，乃至于发挥准意识形态的功能。

五、中华优秀传统文化融入校园文化建设的探索

中华民族的"根"和"魂"是经历了千年发展的，蕴含着丰富的哲学思想、伦理思想、道德思想和审美观念的中华优秀传统文化。中华儿女共同的文化基因和中华民族的精神命脉也是中华优秀传统文化，因此，要想继续为中华民族的复兴立根铸魂，就必须传承和弘扬中华优秀传统文化。但是，在现今社会中，中华优秀传统文化遭受了新时代的冲击，一些人认为它不再具有实用性。所以，当前最受关注的课题就是如何把中华优秀传统文化和高校校园文化融合起来。在树立对本国文化的信心的背景下，推广中华优秀传统文化已成为高校的一项重要任务，其目的在于增强学生对本国文化的信心、提升国家的软实力，从而实现中华民族伟大复兴的愿景。因而把中华优秀传统文化融入高校校园文化建设，不仅能够促进高校发展，同时也能够加强中国人的文化自信，具有重要意义。

（一）将中华优秀传统文化融入高校校园文化建设的作用

1. 中华优秀传统文化可以丰富高校的精神文明创建活动

把中华优秀传统文化融入高校校园文化中去，这样做的好处是一方面可以丰富高校的校园文化资源，另一方面可以提升学生和教职工的文化水平，促进高校精神文明活动的开展。

第一，中华优秀传统文化可以为高校精神文明创建活动提供丰富的主题。例如，高校可以开展一些以传统节日为主题的文化活动，使学生和教职工对中华传统优秀文化有更加深入的了解，达到增强文化自信的目的。

第二，中华优秀传统文化的融入丰富了高校文化活动的形式和内容。有着多种形式的中华优秀传统文化，诸如表演艺术、手工艺、音乐舞蹈等，都能够为高校文化活动提供更多的创意。学校可以组织传统乐器演奏、中国画创作、传统戏曲表演等活动，激发学生学习传统艺术的兴趣，提升学生的审美素养。

此外，中华优秀传统文化还有助于加强精神文明建设，通过中华优秀传统文化教育活动，高校可以传递和弘扬中华传统价值观念，如孝道、仁爱、忠诚等，帮助学生培养良好的道德观念。中华优秀传统文化还包括一些哲学思想，深入讨论这些思想可以帮助学生拓展思维，培养其批判性思维和终身学习的意识。

2. 中华优秀传统文化能够唤起学生传承传统文化的意识

在高校校园文化建设中融入内涵丰富的中华优秀传统文化，能够促进文化的传承。通过将传统文化元素融入校园生活，学生可以更深入地了解中国的历史文化，感受优秀传统文化的内涵和魅力，进而主动传承中华优秀传统文化，成为具备良好文化素养的新一代公民。

3. 中华优秀传统文化为塑造与培养学生的价值观赋能

中华优秀传统文化是中华民族智慧的结晶，其中蕴含的哲学思想和人文精神值得深入研究，对培养学生的价值观念具有重要意义。我们可以利用这些理念来促进学生养成正确的价值观和道德修养，推动高校校园文化建设。例如，儒家思想注重仁爱和孝道，这些原则能够在学生的道德成长过程中提供有益的引导；佛家思想强调内心的平和与修身养性，有助于学生培养内心的平静和坚持。通过巧妙地整合中华优秀传统文化，高校能培养学生成为具有深刻思想、高尚道德的人才，从而促进和谐社会的构建。

（二）中华优秀传统文化教育和高校校园文化建设的关系

中华优秀传统文化教育与高校校园文化建设之间存在着潜在的联系，主要体现为在方向、目标及内容三个方面具有一致性。

1. 方向具有一致性

中华优秀传统文化教育与高校校园文化建设的方向是一致的。中华优秀传统文化重视培养良好品德、修炼内在修养，注重道德准则和人际交往。高校校园文化建设的目标是帮助学生成为具备全面素养的人才。这两者的培养方向高度契合。通过强调中华传统文化，高校可以帮助学生树立正确的道德观念，培养社会责任感，提升个人素质，推动积极向上的校园文化发展。除此之外，中华优秀传统文化所强调的"仁爱"和"和谐"等价值观与高校追求的"和谐校园"理念相契合，为校园文化建设提供了指导。

2. 目标具有一致性

传承和弘扬中华优秀传统文化，培养学生的文化自豪感，增强他们对传统文化的认同，这是中华优秀传统文化的教育目的。增强学生对校园文化的认同与归属感，从而促进学生的全面发展，这是高校校园文化的建设目标之一。高校可以通过传播中华优秀传统文化，增强学生的文化认同感，从而加深他们与校园文化的联系。

3. 内容具有一致性

内容的一致性也是中华优秀传统文化教育与高校校园文化建设密切相关的一个方面。将中华优秀传统文化中的哲学、伦理、文学、艺术等元素融入高校校园文化建设，能丰富学生的知识储备，增长他们的见识。此外，中华民族卓越的传统文化也为高校校园文化建设提供了丰富的素材。通过将中华优秀传统文化融入校园文化活动和教育课程中，高校能够激发学生对中华优秀传统文化的兴趣，从而增强他们深入学习中华优秀传统文化的动力。

方向、目标和内容的一致性是中华优秀传统文化教育与高校校园文化建设之间存在的密切联系的表现。通过融合中华优秀传统文化，高校可以指导学生树立正确的道德观念，增强文化认同感，拓展知识广度，为学生全面发展提供重要支持。

（三）中华优秀传统文化融入高校校园文化建设的基本路径

1. 将中华优秀传统文化的传承与高校思想宣传工作相结合

中华优秀传统文化的传承与高校思想宣传工作紧密结合是高校校园文化建设的重要路径。这不仅有助于传承中华优秀传统文化，还能增强学生和教职员工对中华优秀传统文化的认同感。

（1）加大高校思想宣传工作的力度

高校思想宣传工作是传承和弘扬中华优秀传统文化的重要方式。学校媒体可以定期发布专题报道，涵盖中华优秀传统文化的内容，包括历史文化名人、经典文学作品、传统节庆等，以激发师生对中华优秀传统文化的兴趣。高校可以通过校园广播播放传统音乐和古诗朗诵等文化节目。举办校园文化节和展览活动，以便帮助学生深入了解中华优秀传统文化。高校可以通过举办展览和讲座等活动，向广大师生全面展示中华优秀传统文化。这些宣传方式可以激发师生对中华优秀传统文化的兴趣，促使他们积极参与传承中华优秀传统文化的活动。此外，高校还可以设置传统文化课程，向学生传授中国哲学、历史、文学、艺术等领域的知识，让学生深入领悟中华优秀传统文化的起源和演进过程。这些课程不仅有助于深化学生对中华优秀传统文化的理解，还能培养他们的文化自信心。高校可以设立中华优秀传统文化研究中心，支持学生和教职员工进行相关研究，深入探索中华优秀传统文化。研究成果可以通过学术期刊、学术讲座和文化活动等方式进行展示。高校还可以鼓励学生参与各种中华优秀传统文化体验活动，如书法、国画、茶艺、武术等传统技艺的培训和实践。这些活动可以让学生亲身体验中华优秀传统文化，并加深他们对文化的认同感。

（2）通过媒体渠道加强对中华优秀传统文化的传播

高校可以利用多样的媒体渠道来促进中华优秀传统文化的传承。首先，高校可以利用校园网站等数字化平台发布宣传中华优秀传统文化的文章、视频等内容。这些有助于增强教师和学生的文化自豪感。其次，高校可以与当地媒体合作，共同制作关于中华优秀传统文化的电视节目、广播节目等，以扩大其影响范围。这种合作模式可以让学生积极参与到编导、主持、摄制等实践活动中。最后，高校可以鼓励学生通过写作、绘画、视频制作等方式来呈现中华优秀传统文化。

2.加强教师队伍管理

中华优秀传统文化不是仅包含某一领域的知识，而是涵盖多个学科领域的知识。因此，在进行教育教学活动之前，高校教师必须全面了解中华优秀传统文化，培养自己对中华优秀传统文化的兴趣。在教育和教学活动中，要用更全面的角度向学生展示中华优秀传统文化的魅力。高校教师也可以专注研究中华优秀传统文化中特定的主题，以揭示其精华所在，并从微观视角展现其内涵。高校教师对中华优秀传统文化的认知需要通过持续不断地学习来逐渐建立和完善。这意味着他们需要认识到学习是一生的过程，通过持续学习来增加自己的知识储备，并以个人魅力吸引学生积极参与到传承中华优秀传统文化的活动中。高校教师应当树立积极的职业追求，重视学生品德的塑造，让他们深刻领悟中华优秀传统文化的魅力，协助他们树立文化自信。教育的意义不仅在于传授知识，还在于传承文化。

3.多元发展推动中华优秀传统文化融入高校校园文化建设

第一，把中华优秀传统文化融入德育教育以及各学科的教学工作之中，这是高校应当放在首位的任务。影响高校校园文化建设与中华优秀传统文化传承效果的是学生对于中华优秀传统文化的自信心和认同感。所以，高校需要把有关中华优秀传统文化的教学内容加入专业课程中，或者是设立单独的中华优秀传统文化课程，这样做的目的是使学生对中华优秀传统文化的了解更加深入，增强他们的文化自信。中华优秀传统文化包含着丰富的品德教育意义，因此，各学科应该将中华传统文化教育与品德教育相结合，助力学生品德修养的提高。这需要从规划课程时就开始考虑，将道德教育作为一个重要组成部分纳入其中，确保学生的道德价值观贯穿于整个课程目标中，从而有序推动素质教育，收获期望的教学成果。高校可以结合中华优秀传统文化和实践问题，帮助学生通过问题分析认识到中华优秀传统文化在解决实际问题中的重要性。

第二，高校需要重视对学生进行礼仪教育。高校可以增设礼仪课程，培养学生良好的礼仪素养。高校应该将礼仪教育纳入日常管理，以帮助学生端正行为态度，并展现出新的文化形象。学生应该视礼仪为一项需要不断学习的技能，通过不断完善自身思维方式，提升礼仪素养和道德水平，以便更好地适应社会。

参考文献

[1] 刘道玉.创造教育新论 [M].武汉：武汉大学出版社，2003.

[2] 刘新科.中国传统文化与教育 [M].长春：东北师范大学出版社，2002.

[3] 刘云生.心根课堂：让教育随学生心灵起舞 [M].重庆：西南师范大学出版社，2012.

[4] 柳诒徵.中国文化史 [M].上海：上海古籍出版社，2001.

[5] 任者春，郭玉锋.齐鲁文化与社会主义核心价值体系研究 [M].济南：山东人民出版社，2014.

[6] 孙宝山.中国近现代哲学思潮及思想 [M].北京：中国财富出版社，2014.

[7] 孙正林.当代大学生主题教育研究 [M].北京：人民出版社，2014.

[8] 于淑秀.大学通识教育研究 [M].北京：九州出版社，2014.

[9] 郑珠仙.国家意识形态安全与大学生社会主义核心价值观教育研究 [M].北京：人民出版社，2014.

[10] 高媛.优秀传统文化在高校思想政治教育中的价值及实现途径 [J].中国民族博览，2023，（12）：186-188.

[11] 滕欣欣.新媒体时代高校优秀传统文化教育研究 [J].山东开放大学学报，2023，（2）：63-65.

[12] 郭鹏.中华优秀传统文化融入当代高等教育的必要性 [J].品位·经典，2023，（11）：32-35.

[13] 周慢杰，王娟娟.中华优秀传统文化在高校教育管理中的应用 [J].大学，2023，（16）：65-68.

[14] 胡安怡.新媒体时代优秀传统文化融入高校思政教育路径研究 [J]. 新闻研究导刊，2023，14（10）：184-186.

[15] 耿雪莲.中华优秀传统文化视域下高校文化建设研究 [J]. 文化创新比较研究，2023，7（14）：157-161.

[16] 陆明.优秀传统文化与思想政治教育耦合研究 [J]. 江苏高教，2023，（5）：103-106.

[17] 汪满莎.高校弘扬中华优秀传统文化中存在问题与对策研究 [J]. 公关世界，2023，（7）：80-81.

[18] 李丹阳.文化自信视域下推进高校中华优秀传统文化教育路径探析 [J]. 品位·经典，2023，（8）：26-28.

[19] 冯泉清.优秀传统文化视域下高校思政教育立德树人的构建路径探索 [J]. 产业与科技论坛，2023，22（7）：121-122.

[20] 普雪.儒家优秀传统文化融入大学生积极心理品质培育研究 [D]. 汉中：陕西理工大学，2023.

[21] 翟绎杰.中华优秀传统文化运用于高校立德树人的实践研究 [D]. 海口：海南大学，2022.

[22] 刘彤.中华优秀传统文化融入高校人才培养对策研究 [D]. 西安：西安理工大学，2021.

[23] 骆津晶.中华优秀传统文化融入新时代高校德育教育研究 [D]. 北京：北京外国语大学，2021.

[24] 成清霞.优秀传统文化的思想政治教育功能及其实现路径 [D]. 安庆：安庆师范大学，2021.

[25] 辛双.中华优秀传统文化融入高校思想政治教育路径研究 [D]. 锦州：辽宁工业大学，2021.

[26] 乌热.新时代大学生优秀传统文化自信培养研究 [D]. 烟台：鲁东大学，2020.

[27] 陈妍. 优秀传统文化融入大学生思想政治教育研究 [D]. 西安：西安理工大学，2019.

[28] 许昌盛. 高校优秀中华传统文化教育研究 [D]. 沈阳：沈阳航空航天大学，2019.

[29] 马田媛. 多元文化背景下我国高校德育路径研究 [D]. 徐州：中国矿业大学，2018.